하나님을
사람이
만날 때

초판 2019년 10월 22일
2쇄 2019년 12월 15일

지은이 박옥수

책임편집 박민희
북디자인 김현정
표지디자인 이가희
판매유통 전영재

발행인 조현주
발행처 도서출판 기쁜소식
출판신고 제 2006-44호
주 소 서울시 양천구 신월로24길 8
문의전화 02-2690-8860
이메일 edit@goodnews.kr
인쇄제본 키움프린팅

ⓒ 박옥수 2019

이 책은 CLF에 참석한 목회자들에게 강의한 내용을 중심으로 만들었습니다.

이 책은 저작권법에 따라 보호받는 저작물이므로 무단 전재와 무단 복제를 금지하며,
이 책 내용의 전부 또는 일부를 이용하려면 반드시 출판사의 서면동의를 받아야 합니다.
책값은 뒤표지에 있습니다.

ISBN 978-89-6443-039-2

_____ 님께 드립니다

저자의 글

성경에는 하나님을 만나는 사람들의 이야기가 많이 나옵니다. 아브라함이 하나님을 만났을 때, 모세가 하나님을 만났을 때, 그리고 베드로가 예수님을 만났을 때…. 그들이 하나님을 만났을 때 모두 자신의 생각과 하나님의 생각이 다르다는 사실을 알았습니다. 하나님이 아브라함에게 '네 아내 사라가 아들을 낳으리라'고 하셨을 때 아브라함이 믿지 못했습니다. 하나님이 모세에게 '내가 너로 이스라엘 자손을 애굽에서 인도해 내게 하겠다'고 하셨을 때에도 모세가 믿지 못했습니다. 예수님이 베드로에게 '네가 세 번 나를 부인할 것이다'고 하셨을 때에도 베드로는 인정하지 않았습니다.

하나님은 우리와 다르시기에 우리가 생각하는 것과 하나님이 생각하시는 것은 정말 다릅니다. 그래서 하나님을 만날 때 가장 중요한 것이, 내가 가진 모든 생각을 버리고 하나님의 말씀을 그대로 받아들이는 자세를 갖는 것입니다.

아브라함이 어느 날 하나님을 만나면서 자기 마음을 바꿉니다. 그 전에는 '백세 된 사람이 어떻게 자식을 낳을까? 사라는 구십 세니…'라고 했던 아브라함인데, 로마서 4장에 보면 아브라함이 바랄 수 없는 중에 바라고 믿었다고 했습니다. 자기 몸이 죽은 것 같고 사라의 태가 죽은 것 같음을 알고도 자식을 낳을 것이라는 믿음이 약해지지 않았다고 했습니다.

우리 마음으로는 죄를 이기지 못하고 슬픔과 고통을 몰아내지 못합니다. 그런데 하나님을 만나면서 우리 마음이 바뀌어 하나님과 한마음이 되면, 그때부터 하나님의 마음이 우리 안에 흘러들어옵니다. 하나님의 마음이 우리 안에 있으면 슬픔이나 두려움이나 죄의 유혹이 찾아와도 하나님의 힘으로 그것들을 이기고 밝은 삶을 살게 됩니다.

이 책은 그런 사실을 표현하려고 했습니다. 사람마다 마음이 다르기에 이런 점을 토대로 하여 책을 보면 자신의 생각을 접고 하나님의 말씀을 그대로 받아들일 수 있을 것입니다. 그때부터 하나님의 한없는 축복이 독자 여러분에게 임하리라 믿습니다. 저도 제가 가졌던 생각들이 하나님의 생각과 많이 다르다는 사실을 발견해 내 생각을 버리기 시작하면서 하나님과 가까워질 수 있었습니다.

이 책이 독자 여러분과 하나님을 가깝게 해주기를 바랍니다. 독자 여러분이 하나님을 만나 전에 볼 수 없었던 아름다운 세계, 우리 안에서는 도저히 만들어질 수 없는 거룩한 세계가 여러분의 마음에 만들어져서 많은 은혜를 입게 되기를 바랍니다.

기쁜소식강남교회 목사 **박옥수**

차 례

저자의 글 … 06

1장. 하나님께 속한 사람과 세상에 속한 사람
성공한 나아만 장군 집의 두 여자 … 18
세상의 사람 나아만과 하나님의 사람 계집종 … 20
저가 그 문둥병을 고치리이다! … 21

하나님과 인간의 만남

사람이 하나님을 만나기 위해 찾아 나선다면
그것처럼 어려운 일이 없을 것이다.
어딜 가야 만나며, 어떻게 해야 만날 수 있단 말인가?
성경은 우리가 하나님을 어디에서 만나며
어떻게 만나야 하는지 정확히 이야기하고 있다.
그 길을 따라가면 누구든지 하나님과 만날 수 있다.

2장. 내 생각에서 벗어나
요단강에서 몸을 씻는다고 이 병이 낫겠어? … 28
하나님의 말씀과 사탄의 같을 함께 받아들일 수는 없다 … 30
말씀을 받아들이려면 먼저 내 생각을 버려야 … 32
하나님과 정상적으로 대화가 된 사람은 애초에 없었다 … 35
분명히 물인데 포도주라고 떠서 갖다 주라고? … 37
몸의 암덩어리를 제거하지 않고 놔두면 … 39
아나니아 마음에 어쩌다 사탄이 가득하여 … 40

3장. 율법 아래 있는 자
신앙생활은 성경 말씀이 기초가 되어야 … 46
우리도 선한 사마리아인처럼 해야 하는가? … 48
내 몸처럼 이웃을 결코 사랑할 수 없다 … 51
율법은 율법 아래 있는 자들에게 말한다 … 53
왼발이 빠지기 전에 오른발을 디딜 수 있다면 … 57
십계명 돌판을 법궤 안에 넣고 뚜껑을 닫으라 … 59
율법을 지켜 천국 갈 것을 믿은 율법사 … 61

4장. 새 언약 안에서 만나다
율법과 함께 성막도 주신 하나님 … 66
날이 이르면 새 언약을 세울 것이라 … 68
간음은 여자가 했지만 그 죄의 책임은 예수님이 … 71
대한민국 법은 내 죄를 용서하지 못했지만 … 73
첫 언약은 돌판에, 새 언약은 우리 마음에 기록하셨다 … 76
새 언약으로 재판을 받으면 누구나 무죄 … 78

어느 길을 걸을 것인가?

성도의 삶에는 항상 두 가지 길이 앞에 놓여 있다.
행위와 믿음, 내 생각과 하나님의 말씀,
내가 주관하는가 주님이 주관하시는가 등등.
모든 성도는 두 길 가운데 한 길에 서 있으며,
그것이 사망과 생명을 가르고 저주와 축복을 결정짓는다.
지금 어느 길에 서 있으며, 어느 길을 걸을 것인가?

5장. 은혜로 설 것인가, 행위로 설 것인가?
하늘에 속한 생명을 가지고 있는 사람 … 88
감옥 안에서 꿈을 꾼 두 관원장 … 89
예수님의 피를 들고 나아간 술 맡은 관원장 … 90
죄를 지었기에 포도나무로 자신을 가렸다 … 93
좋은 음식들을 흰떡 위에 얹은 떡 굽는 관원장 … 96
경건치 않고 일도 하지 않은 우리를 의롭다는 하나님 … 98
예수님의 흘리신 피와 찢기신 몸만으로도 충분하다 … 100

6장. 말씀을 좇을 것인가, 생각을 좇을 것인가?
하나님이 성경을 보존해 말씀을 읽을 수 있게 하셨다 … 104
여호와께서 하늘에 창을 내신들 어찌 이런 일이 … 107
의롭다는 성경 말씀에 마음을 합한 루고 대통령 … 109
예수님과 한마음이 되면, 척수염 아무것도 아냐 … 113
전갈의 독이 온 몸에 퍼져 살 수 없었던 학생 … 119
여호와를 앙망해 새 힘이 들어오면 이길 수 있어! … 121
하나님과 마음을 같이하견 감사한 일들이 많아져 … 124

7장. 내가 지킬 것인가, 주님이 지키실 것인가?
내가 볼 때 가능한 것만 믿지 마십시오 … 130
사울과 다윗은 기름부음을 받았지만 삶은 달랐다 … 131
여기 남아서 종교를 계속할 수 있도록 해라 … 133
이 돈으로 집을 얻어 함께 지내면 어떻겠습니까? … 139
그 해, 아이들과 교인들 수천 명이 구원을 받았다 … 143
하나님, 아이가 태어나면 내가 어떻게 해야 하지요? … 148
내 심장이 다 나았구나! … 150

말씀이 근원이며 생명

하나님의 말씀이 우리 마음에 임하면
우리 삶에 전에 없었던 신선하고 새로운 세계가 시작된다.
하나님의 말씀이 떨어지면 그 말씀에 담겨 있는 사실은
영원히 그러하다. 성도는 자신이 애써서가 아니라
말씀을 받아들여서 새로운 삶을 살며,
하나님의 말씀 안에서 자신의 정체를 찾는다.

8장. 땅에 말씀이 임하기까지

창세기 1장에 나타나는 첫 번째 원칙 … 158
나사로가 죽은 겁니까, 산 겁니까? … 161
내 뜻이 뭐가 중요해? 목사님 말씀 따라 짜장면을 먹자 … 164
목사님, 암이 깨끗이 나아- 오늘 퇴원합니다 … 166
내가 보기에 아무리 죄인인 것 같아도 … 167
하나님이 의롭다고 하셨으면 내가 의로운 것 아닙니까? … 169
아니야, 하나님의 말씀대로 내 배는 다 나은 거야! … 170

9장. 오늘도 열매를 맺는 이유는

땅은 열매를 맺는 과목을 내라 … 180
내가 복음을 전해서 처음으로 구원받은 자매님 … 182
자매님, 사람들을 모아 성경공부를 시작하세요 … 184
맺힌 열매가 다시 나무가 되어 또 열매를 맺고 … 188
우리는 하나님의 열매를 맺을 수밖에 없는 사람들 … 191
보잘것없는 우리가 말씀으로 하늘의 열매를 맺다 … 193

부록. 목회자 질의응답

아프리카 사람들은 여전히 저주 가운데 살고 있는 것 같습니다 … 198
우리가 육체를 입고 사는 동안 죄를 짓는데 … 204
죄를 고백하는 부분에 대해 정확히 알고 싶습니다 … 210
구원에 관한 부분은 쉽게 말할 수 없는 난해한 문제라고 생각합니다 … 217
CLF 소개 - 세계의 목회자들이 성경 안에서 하나가 되다 … 220

1장
하나님께 속한 사람과 세상에 속한 사람

하나님께 속한 사람과 세상에 속한 사람

성경은 마음의 세계를 이야기하고 있습니다. 성경에 기록된 내용들을 찬찬히 살펴보면 사람의 마음이 어떻게 흘러가는지 보입니다. 어떤 사람은 하나님의 마음을 받아들여서 그 마음으로 살고, 어떤 사람은 사탄의 마음을 받아들여서 그 마음으로 삽니다. 같은 사람이라도 어떤 때에는 하나님의 마음으로 살고 어떤 때에는 사탄에게 속아서 사탄이 넣어준 생각을 따라서 살기도 합니다.

성공한 나아만 장군 집의 두 여자
열왕기하 5장에 나아만 장군이 나옵니다. 그는 아람(지금의 시리아)의 군대장관으로, 나라를 위기에서 구한 위대한 장군이었습니다. 그런데 성경은 그가 문둥병자였다고 말합니다. 나아만 장군이 많은 전쟁에서 수많은 적들을 이겼지만 자기 몸에 쳐들어온 문둥병은 이길 수 없었습니다. 자신이 문둥병에 걸림으로 인해 생긴 마음의 근심이나 두려움도 이기지 못했습니다.

나아만 장군의 집에 두 여자가 살고 있었습니다. 한 여자는 나아만의 아내고, 한 여자는 나아만이 이스라엘에서 포로로 잡아온 계집종이었습니다. 나아만의 아내는 미모도 있고 권세도 있고 돈도 있는, 당시 여자들이 부러워하는 것을 대부분 가진 사람이었을 것입니다. 그런데 그 여자는 늘 근심 속에서 살았습니다. '남편의 병이 점점 더 심해지고 있어. 이 사실을 다른 사람들이 알게 되면 어떻게 하지?' 남편이 문둥병에 걸린 것이 드러나면 군대장관 자리에서 쫓겨날 것 같아서 마음이 불안하고 초조했습니다.

그에 비해 계집종은 전쟁 중에 잡혀와 다른 나라에서 살며, 가진 것도 없고 내세울 것도 없는 여자 아이였습니다. 언제까지 종살이를 해야 하는지 기약도 없고, 월급도 없고, 미래를 자신의 뜻대로 그릴 수도 없는, 가진 것이 아무것도 없는 종이었습니다. 그런데 계집종은 늘 기쁨 속에서 살았습니다. 그의 마음에는 하나님이 살아 계시고, 하나님의 종이 살아 있었기 때문입니다. 나아단의 집에 있는 모든 근심과 슬픔과 두려움을 내쫓을 수 있는 하나님의 능력을 계집종은 가지고 있었습니다. 나아만 장군이 이스라엘에 있는 엘리사 선지자에게 가면 문둥병이 나을 것이라는 사실을 분명히 알고 있었습니다.

나아만 장군은 겉모습을 보면 위대한 장군입니다. 그런데 내면에는 고통이 컸습니다. 문둥병으로 인해 그의 몸에서는 고름과 진물이 흘렀습니다. 나아만의 아내는 고름과 진물이 묻어 있는 나아만의 옷을, 문둥병자라는 사실이 드러날까봐 다른 사람에게 맡기지 못하고 자신이 빨래해야 하는 것이 너무 힘들고 고통스러웠습니다. '언제까지 이렇게 살아야 하지?' 하며 살았습니다.

세상의 사람 나아만과 하나님의 사람 계집종
사람들은 좋아 보이고 뛰어나 보이고 위대해 보이는 것들을 얻으려고 삽니다. 열심히 공부하는 것도, 돈을 버는 것도 다 그런 것들을 얻기 위해서입니다. 나아만도 그런 것들을 얻기 위해 싸우는 법을 익히고, 전쟁하는 법을 구상하고, 전쟁 연습을 해서 성공하여 한 나라의 군사를 통솔하는 군대장관이 되었습니다. 그는 자신이 얻은 권력으로 휘하에 있는 군사들을 마음대로 부릴 수 있었습니다. 그러나 그 힘으로 마음에서 일어나는 근심이나 불안이나 두려움을 다스릴 수는 없었습니다. 그 힘으로 불행을 행복으로 바꾸지는 못했습니다.

계집종은 지위나 힘을 전혀 가지고 있지 않은 것처럼 보입니다. 포로로 잡혀서 고향을 떠나 다른 나라에서, 그것도 문둥병에 걸린 주인의 집에서 종살이를 해야 했습니다. 그리운 부모님과 가족도 볼 수 없고, 함께 뛰놀던 친구들도 볼 수 없었습니다. 겉모습만 보면 계집종의 삶은 정말 비참합니다. 그런데 그 마음에는 감사와 평안이 흐르고 있었습니다. 나아만이 갖지 못한 힘을 가지고 있었습니다.

나아만은 그가 가지고 있는 지위나 권세로 계집종이 가지고 있는 평안을 얻을 수 없었고, 가지고 있는 돈으로 그 평안을 살 수도 없었습니다. 나아만은 지혜롭고 용맹하고 능력 있는 사람이었지만, 그랬기 때문에 거기에 빠져서 자신이 아는 세계밖에 모르는 사람이었습니다. 계집종은 힘도 능력도 갖지 못한 연약한 사람이었지만 하나님의 사람이었습니다. 나아만은 세상에서는 많은 것을 가졌지만 하나님의 은혜를 입지 못했고, 계집종은 세상에서 얻은 것이 없었지만 하나님께로부터 오는 의, 지혜, 능력 등을 마음에 얻으며 살았습니다. 그래서 계집종은 하나님과 사람들 사이에 통로가 될 수 있었습니다. 사람들에게 하나님의 세계를 열어 주는 일을 할 수 있었습니다.

저가 그 문둥병을 고치리이다!

사람은 세상에 속한 사람과 하나님께 속한 사람이 있습니다. 세상에 속한 것으로 따지면, 나아만은 위대한 장군이고 계집종은 초라한 여자 아이였습니다. 그런데 하나님께 속한 것에서 보면, 나아만은 할 수 있는 것이 없었고 계집종은 사람들에게 기쁨과 평안과 행복을 가져다줄 수 있었습니다.

계집종이 어느 날 나아만의 아내에게 말합니다.

"우리 주인이 이스라엘의 사마리아에 계신 선지자 앞에 계셨으면 좋겠나이다. 저가 그 문둥병을 고치리이다!"

계집종은 '선지자가 문둥병을 고칠지 모르겠다, 고칠 것 같다, 잘하면 고칠 것이다'라고 말하지 않았습니다. 분명히 고칠 것이라고 했습니다. 그 사실에 대하여 계집종은 확실한 믿음을 가지고 있었습니다. 계집종은 마음이 하나님과 가까우니까 나아만 장군이 엘리사 선지자를 찾아가면 선지자가 그의 문둥병을 분명히 고칠 것이라는 사실을 알고 있었습니다. 나아만에게 문둥병이 나을 수 있는 길을 열어준 것입니다. 저도 병이 들거나 어려운 문제를 만나서 힘들어하는 사람들을 보면 그들의 마음을 예수님과 연결시키는 일을 합니다. 어떤 사람이든지 마음이 예수님과 연결되면 예수님이 그의 삶 속에서 놀랍게 역사하시기 때문입니다.

나아만 장군이 계집종의 말을 따라 사마리아로 가서 문둥병이 나아서 돌아옵니다. 나아만은 계집종에게 준 것이 아무것도 없고 도리어 가족과 자유를 빼앗았는데, 계집종은 나아만 장군의 가장 큰 문제를 해결해 주었습니다.

계집종처럼 사는 사람이 그리스도인입니다. 저는 다른 사람보다 잘난 것도 없고 가진 것도 없지만, 예수님이 내 마음에 오신 뒤 내가 감히 생각할 수 없었던 세계를 맛보며 삽니다. 내가 볼 수 없는 세계를 성경 안에서 볼 수 있도록 주님이 저를 이끌어 가십니다. 그것이 얼마나 놀랍고 감사한 일인지 말로 다 표현할 수 없습니다.

우리가 구원받기 전에는 내 계획과 지혜를 따라서 내 생각대로 살지만, 구원받아 예수님이 우리 마음에 들어오신 후로는 내 지혜나 생각을 따르지 않고 하나님의 인도를 받아 삽니다. 하나님을 믿는 믿음으로 삽니다. 우리가 이 땅에서 이러한 믿음의 삶을 산다는 것이 얼마나 놀랍고 감사한지 모릅니다.

하나님과 인간의 만남

사람이 하나님을 만나기 위해 찾아 나선다면
그것처럼 어려운 일이 없을 것이다.
어딜 가야 만나며, 어떻게 해야 만날 수 있단 말인가?
성경은 우리가 하나님을 어디에서 만나며
어떻게 만나야 하는지 정확히 이야기하고 있다.
그 길을 따라가면 누구든지 하나님과 만날 수 있다.

2장
내 생각에서 벗어나

내 생각에서 벗어나

요단강에서 몸을 씻는다고 이 병이 낫겠어?

나아만 장군이 계집종의 말을 듣고 어느 날 문둥병을 고치러 이스라엘의 수도 사마리아로 갑니다. 엘리사 선지자는 병을 고치려고 자신을 찾아온 나아만 장군에게 사환을 보내 이렇게 말합니다.

"요단강에 몸을 일곱 번 씻으라. 그리하면 네 살이 이전처럼 깨끗하게 되리라."

사환의 이야기를 듣고 나아만이 어떻게 반응했습니까?

"내 생각에는, 선지자가 와서 그의 하나님 여호와의 이름을 부르며 내 상처 위에 손을 흔들어서 문둥병을 고칠까 하였노라. 다메섹에 있는 강 아마나와 바르발은 이스라엘의 모든 강물보다 낫지 아니하냐? 내가 거기서 몸을 씻으면 깨끗하게 되지 아니하랴?"

요단강에서 몸을 씻으면 문둥병이 깨끗하게 낫는다는 엘리사 선지자의 이야기가 나아만이 보기에는 말이 안 되는 소리였습니다. 그래서 그는 화를 내며 떠나갔습니다.

나아만이 왜 그렇게 반응했습니까? 사탄이 그의 마음에 선지자가 말도 안 되는 소리를 하고 있다고 이야기했기 때문입니다. 그가 아람의 수도인 다메섹에 살면서 문둥병을 고쳤습니까? 못 고쳤습니다. 병이 점점 심해져서 고통과 두려움 속에서 살았습니다. 그래서 병을 고치려고 사마리아까지 왔습니다. 하나님의 사람을 찾았고, 하나님의 사람이 한 말을 전해 들었습니다. 하나님의 사람이 요단강에서 몸을 일곱 번 씻으면 병이 낫는다고 했습니다. 그때 사탄이 나아만 장군의 마음에 역사했습니다.

'뭐? 요단강에서 몸을 씻는다고 이 병이 나아? 그렇게 해서 나을 것 같으면, 다메섹 강 아마나와 바르발이 이스라엘의 모든 강물보다 나은데 내가 거기서 씻으면 깨끗하게 되겠다!'

다메섹에 있는 강물에 몸을 씻는다고 해서 문둥병이 낫는 것이 아니지만 나아만은 그런 생각에 이끌려 갔습니다. 만일 나아만이 그렇게 돌아갔다면 문둥병은 영영 낫지 않았을 것입니다. 그런데 나아만을 따라왔던 종들이 겸비한 마음으로 지혜롭게 말했습니다.

"내 아버지여, 선지자가 당신에게 큰 일을 행하라 하였으면 행치 아니하였겠나이까? 하물며 당신에게 이르기를 '씻어 깨끗하게 하라'

함을 행치 못하겠나이까?"

나아만이 그 이야기를 듣고 돌이켜 요단강으로 가서 몸을 일곱 번 씻었습니다. 그러자 그의 살이 어린아이처럼 깨끗해졌습니다.

그 뒤에 일어났을 일을 상상해 보십시오. 나아만이 다메섹으로 돌아가서 집에 도착하자마자 "여보! 내가 다 나았어! 이것 봐!" 하지 않았겠습니까? 기뻐하며 계집종을 끌어안고 "네가 날 살렸다!" 하지 않았겠습니까? 집안이 밝아지고 나아만 부부와 계집종에게 행복한 삶이 이어졌을 것입니다.

하나님의 말씀과 사탄의 말을 함께 받아들일 수는 없다

나아만 장군이 엘리사 선지자의 말씀을 듣고 바로 그대로 행하여 병이 나은 것이 아니듯이, 우리가 죄를 사함받고 거듭날 때 진리의 말씀이 마음에 그냥 들어오는 것이 아닙니다.

신앙생활을 시작할 때 정확히 알아야 하는 기본적인 것들이 몇 가지 있습니다. 먼저 이사야 성경에 보면, **"여호와의 말씀에, 내 생각은 너희 생각과 다르며 내 길은 너희 길과 달라서"**(사 55:8)라고 했습니다. 하나님과 인간의 생각과 길이 다르다고 했습니다. 그것은 인간이 하나님이 창조하신 상태 그대로가 아니라는 말로, 인간이 비정상이라는 의미입니다.

하나님이 인간을 창조하셨습니다. 그리고 아담과 하와에게 '선악을 알게 하는 나무의 열매를 먹지 말라'고 하셨습니다. 그런데 아담과 하와가 뱀의 유혹을 받았습니다. 뱀은 '그것을 먹으면 눈이 밝아져서 하나님처럼 된다'고 했습니다. 그 이야기를 듣고 아담과 하와가 하나님의 말씀을 버리고 뱀의 말을 따랐습니다. 눈이 밝아져서 하나님과 같아지고 싶었기 때문입니다.

　이때 아담이 선악을 알게 하는 나무의 열매를 따먹으려면 '먹으면 죽는다'는 하나님의 말씀을 마음에 두고는 따먹을 수 없습니다. 하나님이 사람의 마음을 만들 때 특별하게 만드셨습니다. 우리가 머리로는 두 가지의 서로 다른 이론을 받아들일 수 있습니다. "A는 이렇게 말하고, B는 이렇게 말한다."라고 서로 다른 이야기를 할 수 있습니다. 그런데 마음에서는 절대로 두 가지의 서로 다른 이론을 받아들일 수 없습니다.

　아담이 뱀의 말을 받아들이려면 하나님의 말씀을 짓밟아야만 합니다. 하나님의 말씀이 살아 있는 가운데 뱀의 말을 받아들일 수는 없습니다. 하나님의 말씀과 뱀의 말은 정반대이기 때문입니다. 아담은 하나님의 말씀을 버리고 사탄의 말을 받아들여서 선악을 알게 하는 나무의 열매를 따먹었습니다. 하나님의 말씀을 버리고 사탄의 말을 따라간 것, 그것이 인간의 죄였습니다.

　신앙생활이 어렵다거나 혼돈 가운데 있는 사람들을 보면, 대부분 마음에서 이런 부분에 대한 선이 애매합니다. 우리가 신앙생활을 시작할 때 '하나님의 말씀과 사탄의 말을 함께 받아들일 수 없다'는 사실이 마음에 정확히 형성되어야 합니다.

우리는 모두 아담의 자손으로, 아담이 사탄의 말을 받아들여서 인간이 사탄에게 속한 상태에서 태어났습니다. 그런 상태로 인간의 역사가 이어져 오는 동안 사탄이 인간을 장악했습니다. 에베소서 2장에 보면 이렇게 기록되어 있습니다.

"너희의 허물과 죄로 죽었던 너희를 살리셨도다. 그때에 너희가 그 가운데서 행하여 이 세상 풍속을 좇고 공중의 권세 잡은 자를 따랐으니, 곧 지금 불순종의 아들들 가운데서 역사하는 영이라. 전에는 우리도 다 그 가운데서 우리 육체의 욕심을 따라 지내며 육체와 마음의 원하는 것을 하여 다른 이들과 같이 본질상 진노의 자녀이었더니" (엡 2:1~3)

성경은 우리 상태가 다음과 같다고 이야기하고 있습니다. '그때에 너희가 죄 가운데서 행하여 이 세상 풍속을 좇았다, 그리고 공중의 권세 잡은 자를 따랐다, 공중의 권세 잡은 자는 지금 불순종의 아들들 가운데 역사하는 영이다.' 그러니까 우리가 아무리 성실하고 진지하고 무엇을 열심히 해도, 공중의 권세를 잡은 악한 영 사탄의 이끌림을 받아 살고 있는 것입니다.

말씀을 받아들이려면 먼저 내 생각을 버려야

이제 우리가 하나님의 말씀을 받아들이기 위해 사탄에게 이끌리면서 형성된 내 생각을 버리는 과정이 필요합니다. 그것이 회개입니다. 내가 보기에 어떠하고 내가 느끼기에 어떠하든지 그것을 버리고, 그 다음에 하나님의 말씀을 그대로 받아들이는 것입니다.

나아만 장군은 하나님의 말씀을 듣고 자기 생각을 따라서 다메섹으로 그냥 가려고 했습니다. 하나님의 말씀은 요단강에서 일곱 번 목욕하라는 것이었습니다. 자기 생각을 따라가면 아무리 그럴 듯한 이야기라도 문둥병이 낫지 않습니다. 우리도 자신의 생각을 따라가면, 그 생각이 아무리 타당하고 그럴 듯해 보일지라도 죄 사함을 받지 못하고 하나님의 역사를 맛보지 못합니다. 내 생각을 버리고 하나님의 말씀을 받아들일 때, 그때부터 하나님의 말씀이 우리를 이끌어 가며 말씀대로 역사가 일어납니다. 우리 삶이 하나님의 능력에 의해 이루어져서 우리가 복된 사람이 됩니다.

우리가 하나님의 일에 쓰임을 받으려면 하나님의 말씀이 우리 속에 살아 일해야 합니다. 마음에서 말씀이 살아 일하지 않는 사람은 10년, 20년, 30년 주의 일을 해도 아무 쓸모가 없습니다. 말씀이 진리인 것은 사실이지만, 우리 눈에는 하나님의 말씀대로 하면 안 될 것 같고 내 생각이 옳아 보입니다. 그래서 대부분의 사람들이 하나님의 말씀이 아닌 자기 생각을 따라서 삽니다.

CLF에 참석한 독회자 여러분도 다 하나님의 말씀을 읽고 듣습니다. 우리 안에 그 말씀만 역사하면 누구든지 하나님의 역사를 경험하면서 복되게 신앙생활을 할 수 있습니다. 그런데 사탄이 늘 유혹합니다. 예수님의 제자 가운데 하나인 가룟 유다가 예수님을 팔았습니다. 그가 왜 예수님을 팔았습니까? 요한복음 13장 2절에 보면 **"마귀가**

벌써 시몬의 아들 가룟 유다의 마음에 예수를 팔려는 생각을 넣었더니"(요 13:2)라는 말씀이 나옵니다. 마귀가 가룟 유다의 마음에 예수님을 팔려는 생각을 넣어 주었고, 가룟 유다는 마귀가 넣어준 생각을 받아들인 것입니다.

신앙생활은 그냥 되는 것이 아닙니다. 많은 사람들이 하나님의 말씀을 듣고, 그 다음에 사탄의 음성도 듣습니다. 그래서 신앙이 이도 저도 아닌 사람이 됩니다.

저는 1962년에 죄 사함을 받았습니다. 그 해에 저는 굉장히 어려운 시간을 보냈습니다. 사는 것이 너무 힘들고 고통스러웠습니다. 가난한 데에다 할 수 있는 일도 없어서 육군 기술하사관에 응시했습니다. 합격 조건이 어려운 것이 아니었기에 떨어지리라고는 상상도 하지 않았는데, 앞니가 조금 깨진 것 때문에 신체검사에서 불합격했습니다. 기술하사관에 지원했다가 떨어지면서 나 자신을 바로 보았습니다. 그때까지 저는 나를 사랑했기 때문에 내가 잘한 것만 생각하며 살았습니다. 잘못한 일들은 생각하면 괴로우니까 가능하면 잊으려고 했기에 내가 착하고 잘났다고 생각했습니다. 그렇게 살다가 비로소 나를 바로 보게 되었습니다. 정말 형편없는 인간이고 추하고 악한 인간이었습니다.

'나는 왜 내가 잘났다고, 착하다고 생각하면서 살았지? 이렇게 형편없고 추하고 악한데…. 내 생각에 문제가 있구나. 앞으로도 내 생각을 믿고 살면 내가 망하겠구나!'

이처럼 나를 믿을 수 없게 된 것이 제가 하나님의 말씀을 믿을 수 있는 바탕이 되었습니다.

하나님과 정상적으로 대화가 된 사람은 애초에 없었다

우리가 주님을 따라가려고 하면 우리 안에서 주님의 뜻과 다른 생각이 올라옵니다. 그때 사람들이 대부분 자기 생각을 믿기 때문에 신앙생활이 바로 안 됩니다. 신앙생활을 하려면 자기 생각을 부인해야 합니다. 앞에서 이야기한 것처럼, **"여호와의 말씀에, 내 생각은 너희 생각과 다르며 내 길은 너희 길과 달라서"**(사 55:8)라고 했습니다. 하나님의 생각과 우리 생각은 다릅니다.

창세기에서 아브라함을 한번 살펴봅시다. 어느 날 하나님이 아브라함에게 말씀하셨습니다.

"아브라함아."

"예."

"네 아내 사래를 '사래'라 하지 말고 '사라'라고 해라. 그가 너에게 아들을 낳아줄 것이다."

하나님이 그렇게 말씀하셨을 때 아브라함이 얼마나 감사했겠습니까! 그래서 "오, 주여! 사실입니까?"라고 하였습니까? 아브라함은 우리가 아는 대로 '믿음의 조상'입니다. 그런데 아브라함이 감사하다고 한 것이 아니라, '백세 된 사람이 어떻게 자식을 낳을까? 사라는 구십 세인데…'라고 속으로 생각한 뒤 "이스마엘이나 주 앞에 살기를 원합니다."라고 했습니다.

하나님의 종 모세는 어떠했습니까? 애굽에서 공주의 아들로 지내던 모세가 애굽 사람을 죽인 뒤 애굽 왕 바로를 피하여 미디안으로 도망가서 이드로의 양을 쳤습니다. 모세가 어느 날 양을 치다가 신기한 광경을 보았습니다. 저 멀리 떨기나무에 불이 붙었는데, 나무가 불에 타서 불길이 사라지는 것이 아니라 불이 붙은 채로 계속 있었습니다. 한참 뒤에 보니 여전히 불이 붙은 채로 있었습니다. '왜 떨기나무가 불에 타서 사라지지 않고 계속 타고만 있지?' 신기해서 모세가 그 광경을 가까이에서 보려고 다가가자, 하나님이 "모세야, 네가 선 곳은 거룩한 땅이니 네 발에서 신을 벗으라." 하셨습니다. 이어서 애굽에서 고통스럽게 사는 이스라엘 백성들을 애굽 사람의 손에서 건져내 가나안 땅에 이르게 하겠다고 말씀하셨습니다. 그리고 그 일을 모세를 통해 이루겠다고 하셨습니다.

"이제 내가 너를 바로에게 보내어 너로 내 백성 이스라엘 자손을 애굽에서 인도하여 내게 하리라."(출 3:10)

하나님이 그렇게 말씀하셨을 때 모세가 "아, 드디어 때가 왔습니까?"라고 했습니까? 그렇지 않습니다. 자기는 그 일을 못 한다고 했습니다.

"모세가 하나님께 고하되, 내가 누구관대 바로에게 가며 이스라엘 자손을 애굽에서 인도하여 내리이까?"(출 3:11)

하나님이 자기에게 하신 말씀이 말도 안 되는 이야기라는 것입니다.

베드로는 어떠했습니까? 예수님이 팔리시기 전에 베드로에게 "내가 진실로 네게 이르노니, 오늘 밤 닭 울기 전에 네가 세 번 나를 부인하리라."하셨습니다. 그때 베드로가 "주여, 그렇습니까? 그렇다면 제가 어떻게 해야 합니까?"라고 한 것이 아니라, "내가 주와 함께 죽을지언정 주를 부인하지 않겠나이다!"라고 했습니다. 하지만 베드로는 결국 예수님을 세 번 부인했습니다.

하나님 앞에 선 사람들 가운데 처음부터 하나님과 정상적으로 대화가 된 사람이 없습니다. 사람은 누구나 오랫동안 사탄의 이끌림을 받으며 살아왔기 때문입니다. 사탄은 우리 삶 전체를 하나님과 반대되는 방향으로 이끕니다. 그 결과로 인간의 사고방식 자체가 사탄 방식으로 굳어져 있기 때문에 하나님의 말씀을 들으면 거부반응을 일으킵니다. 예수님을 믿는 것도 성경 말씀 그대로 믿는 것이 아니라, 인간적인 방법으로 바꿔버립니다. 그렇기 때문에 누구든지 자기 생각을 버리지 않으면 하나님의 말씀을 받아들일 수 없어서 정상적인 신앙이 형성이 안 됩니다.

분명히 물인데 포도주라고 떠서 갖다 주라고?
우리 안에서 하나님의 말씀과 다른 생각을 갖게 만드는 것은 악한 영 사탄입니다. 그렇기 때문에 자신의 생각에 속아서는 안 됩니다. 사탄이 우리 안에서 이야기하는 것이 좋아 보여도 그것은 하나님의 말씀과 반대되는 이야기입니다. 저는 1962년에 내가 하려던 모든 것이 실패한 후 내 생각을 따라가면 망한다는 사실을 정확히 알고 나니까 그 후로는 내 생각을 따라갈 수 없었습니다.

우리가 성경을 읽으면 말씀이 정말 좋습니다. 그런데 사탄이 '이 말씀대로 살면 힘들 거야. 어려울 거야.' 하고 생각을 넣어줍니다. 신앙생활은, 내 생각하고 하나님의 말씀을 같이 믿으면 아무것도 안 됩니다. 신앙에서 가장 중요한 것은 내 생각을 버리는 것입니다.

요한복음 2장에서 예수님이 갈릴리 가나 혼인 잔칫집에 가셨습니다. 잔치가 한창 진행되고 있는데 그 집에 포도주가 모자랐습니다. 그때 예수님이 하인들에게 말씀하시길, "항아리에 물을 채워라." 하셨습니다. 거기 큰 돌 항아리 여섯 개가 있었는데, 하인들이 물을 길어다 항아리를 채웠습니다. 그리고 예수님에게 "다 채웠습니다."라고 하자 예수님이 뭐라고 하셨습니까? "그것을 떠서 연회를 주관하는 연회장宴會長에게 가져다줘라." 하셨습니다. 우리가 볼 때에는 말이 안 되는 소리입니다. '분명히 샘에서 물을 떠다가 부었는데 이게 무슨 포도주라고 떠서 가져다줘?' 그러니까 자기 생각을 가진 사람은 절대로 예수님을 따라가지 못합니다.

예수님이 말씀하시기를 "누구든지 나를 따르려거든 자기를 부인하고"라고 하셨습니다. 자기를 부인하지 않으면 절대로 예수님을 따라갈 수 없습니다. 저는 많은 사람들을 만나는데, 사람들은 대부분 자기 이야기를 합니다. "내가 이런 일을 했고, 이런 일에 대해서는 이렇게 생각하고…." 예수님은 그런 것을 기뻐하시지 않습니다.

우리가 예수님의 뜻을 따르려고 하면 분명히 우리 속에서 사탄이 주는 음성이 들립니다. 자세히 분별해 보면, 그것이 주님의 음성인지 사탄의 음성인지 알 수 있습니다. 사탄은 우리보다 훨씬 지혜롭기 때문에 말씀과 다른 어떤 생각을 넣어 주면서 그렇게 하면 잘될 것처럼 말합니다. 그런 사탄의 음성에서 벗어나기 시작하면 그때부터 하나님이 우리 속에 능력으로 일하시는 것을 볼 수 있습니다. 자기를 부인하지 않으면 30년, 40년 신앙생활을 해도 아무것도 아닙니다. 자기를 부인한 때부터 우리 삶에 예수님이 나타납니다.

몸의 암덩어리를 제거하지 않고 놔두면
나아만 장군의 집에서 계집종이 나아만의 아내에게 이야기합니다.
"우리 주인이 사마리아에 계신 선지자 앞에 계셨으면 좋겠나이다. 저가 그 문둥병을 고치리이다!"
만약 나아만이 사마리아에 갔는데 병이 낫지 않으면 어떤 일이 일어나겠습니까? 계집종의 삶이 엄청나게 고달파질 것입니다. 계집종이 그렇게 말할 수 있었던 것은, 하나님이 일하실 것이라는 확실한 믿음이 있었기 때문입니다. 믿음이 있었기에 "문둥병을 고치리이다!"라고 담대하게 이야기했습니다. 우리 마음에서 생각이 버려지고 말씀을 믿으면, 하나님이 일하실 것을 확실히 알기 때문에 담대하게 말하게 됩니다.
이처럼 분명한 믿음을 가진 신앙생활을 하기 위해서는 우리 속에서 올라오는 생각과 예수님의 말씀을 냉정하게 구분할 줄 알아야 합니다. 저는 성경을 수없이 읽으면서 '이 생각은 주님의 말씀과 달라. 이 길은 주님의 길과 달라. 이 방법은 주님의 방법과 달라.' 하고 주님의 말씀과 다른 생각이나 방법을 제하는 일을 했습니다.

사탄은 뿔이 나고 이빨이 튀어나온 모습을 하고 우리에게 다가오는 것이 아닙니다. 사탄은 우리 마음을 잘 알기 때문에 우리가 듣기 좋아하는 이야기를 합니다. 우리가 원하는 방향으로 우리를 끌어가면 사람들이 다 끌려갑니다.

몸에 암덩어리가 있는데 그것을 제거하지 않고 놔두면 아무리 좋은 음식을 많이 먹어도 암세포가 음식을 다 빼앗아 먹습니다. 암세포가 혈관에 연결되어 혈관에 들어 있는 좋은 영양분을 다 집어삼킵니다. 그러니까 좋은 음식을 먹는 만큼 암이 점점 커집니다.

성경을 보면, 우리 생각과 하나님의 생각은 절대로 합해질 수 없습니다. 내 생각을 전부 버린 상태에서 하나님의 말씀을 읽으면 우리 마음에 믿음이 역사합니다. 그러나 내 생각을 가지고 있는 상태에서는, 그 생각은 사탄이 주는 생각이기 때문에 무얼 해도 저주를 받고 멸망을 당하는 쪽으로 이끌려 갈 수밖에 없습니다.

아나니아 마음에 어쩌다 사탄이 가득하여

제가 아주 많은 사람들을 만나 보았는데, 사람들은 대부분 자기를 부인하지 않고 예수님을 믿으려고 합니다. 실제로 그것은 예수님을 믿는 것이 아니고 사탄이 끄는 대로 끌려가는 것입니다. 그렇게 끌려간 사람들 가운데 하나가 사도행전 5장에 나오는 아나니아와 삽비라입니다. 두 사람이 자신들이 가지고 있던 땅을 판 뒤, 그 값에서 얼마를 감추고 나머지를 사도들에게 가지고 가서 땅을 판 값 전부를 드린다고 했습니다. 베드로가 아나니아에게 말했습니다.

"아나니아야, 어찌하여 사탄이 네 마음에 가득하여 네가 성령을 속이고 땅값 얼마를 감추었느냐? 땅이 그대로 있을 때에는 네 땅이 아니며 판 후에도 네 임의로 할 수가 없더냐? 어찌하여 이 일을 네 마음에 두었느냐? 사람에게 거짓말한 것이 아니요 하나님께로다."

아나니아가 그 말을 듣고 죽었습니다.

사탄이 아나니아와 삽비라 속에 생각을 넣었습니다. '땅 판 돈을 하나님께 바쳐야 하는데, 다 바치고 나면 어떻게 살지? 잘 모를 테니까 반만 들고 가서 다 가져왔다고 하자.' 아나니아는 성령이 충만하게 역사한 그때에 하나님의 종을 속이려고 했습니다. 누가 아나니아를 그렇게 만들었습니까? 사탄입니다. 베드로가 "아나니아야, 어찌하여 사탄이 네 마음에 가득하여"라고 말했습니다.

여러분 속에도 사탄이 일합니다. 그렇기 때문에 하나님의 말씀에 비추어 보아서 말씀과 다른 생각을 버려야 합니다. 그것을 훈련하는 데 시간이 조금 걸립니다. 그것이 훈련되어서 여러분이 마음에서 올라오는 사탄의 음성을 확실히 벗어버리면 하나님의 영이 여러분 속에서 일하기 시작합니다. 그때부터는 신앙생활이 너무 쉽고 평안하고 재미있고 행복합니다.

　우리는 다 죄악 된 본성을 가지고 있습니다. 하나님을 거스른 아담의 자손으로 태어났기 때문입니다. 이제 우리가 아담과 반대로 하나님께로 돌아서야 합니다. 회개해야 합니다. '내 생각을 따라 살아서 나는 망하고 불행했어. 이제 내 생각을 버리고 하나님의 말씀을 따라야겠다!' 하는 것이 하나님 편에 속하는 것입니다. 신앙생활을 시작하면서 제일 중요한 것은, 성경 말씀과 다른 내 생각을 부인하는 것입니다.

3장
율법 아래 있는 자

율법 아래 있는 자

신앙생활은 성경 말씀이 기초가 되어야

기독교 역사를 기록한 책들을 보면, 네로 황제 시대에 기독교인들에 대한 핍박이 극심했지만 그때 로마에 복음이 힘있게 전파되었습니다. 이후로도 크고 작은 핍박들이 있었지만 로마제국에서 수많은 사람들이 예수님을 믿어, 313년에 콘스탄티누스 황제가 기독교를 인정함으로써 기독교 박해가 금지되었습니다. 그 후 380년에 기독교가 로마의 국교가 되었습니다. 그로 인해 기독교 지도자들이 큰 힘을 갖게 되었고, 이어서 교회가 타락하기 시작했습니다.

중세에 베드로성당을 짓는 데 필요한 돈을 마련하기 위해서 면죄부를 파는 일이 행해지기도 했습니다. 카톨릭교회가 그처럼 면죄부를 팔 수 있었던 이유는, 교인들을 성경에 대해서 아는 것이 없는 사람들로 만들었기 때문입니다. 성경을 잘못 읽으면 오해하기 쉽다며 성경을 읽지 못하게 하고, 교회에 와서 듣고 그 말을 따르도록 했습니다. 그래서 카톨릭고회에 나오는 많은 사람들이 면죄부를 사는 것이 옳은지 그른지 분간할 수 없었습니다. 안타까운 사실은, 오늘날도 교회에 다니는 많은 사람들이 성경을 제대로 알지 못하고 있습니다. 그래서 목회자가 잘못 인도해도 그것이 성경적으로 옳은지 그른지 모른 채 '저 말이 맞겠거니…' 하고 따라갑니다.

신앙생활은 성경 말씀을 기초로 해야 합니다. 목회자의 견해를 따르는 것은, 아무리 좋은 것처럼 보여도 잘못된 신앙입니다. 저는 신앙생활을 시작하면서 성경을 읽기 시작했습니다. 한국어 성경은 1,800페이지가 조금 안 됩니다. 제가 성경 한 페이지를 읽는 데 보통 2분이 걸리니까 1,800페이지를 읽으려면 3,600분이 필요합니다. 시간으로는 60시간입니다. 하루에 열 시간씩 성경을 읽으면 6일이면 성경을 한 번 읽을 수 있습니다. 저는 일주일에 한 번씩 성경을 여러 차례 읽었습니다. 그렇게 성경을 한 번, 두 번, 열 번, 스무 번, 쉰 번… 읽어 나갔습니다.

성경을 읽으면 처음에는 스토리를 알게 됩니다. '이런 내용이 적혀 있구나, 이런 말씀이 기록되어 있구나….' 성경을 여러 번 읽다 보면, 성경 내용들이 공통점을 가지고 있다는 사실이 보입니다.

창세기에 보면, 아브라함이 어느 날 늙은 종을 '자기' 아들 이삭의 아내를 구해 오라'고 메소포타미아로 보냅니다. 늙은 종이 그곳에 가서 우물가에서 리브가를 만나고, 리브가가 이삭의 아내가 됩니다. '그랬구나' 하고 넘어갑니다. 조금 더 읽다 보면, 야곱이 형 에서를 피해 밧단 아람으로 도망을 갑니다. 그리고 우물가에서 라헬을 만나 결혼합니다. 역시 '그랬구나' 하고 지나갑니다. 조금 더 읽다 보면, 출애굽기에서 모세가 애굽 사람을 죽이고 애굽 왕 바로를 피해서 미디안으로 도망을 갑니다. 그리고 미디안의 우물가에서 아내 십보라를 만납니다. 이 정도 읽으면 '성경에서 아내는 우물가에서 얻는구나. 우물가에는 신부가 있구나.'라는 사실을 알게 됩니다. 나중에 신약 성경에서 예수님은 수가 성의 우물가에서 사마리아 여자를 만납니다.

성경을 계속 읽다 보면 이처럼 내용에서 공통점이 보입니다. 하나님이 무엇을 말씀하려고 하시는지 이해할 수 있습니다. 성경이 이야기하는 첫 번째 사실은 인간에 대한 것으로, 인간은 악하다는 것입니다. 아담이 범죄한 이후 인간은 하나님을 떠나서 죄악 된 본성을 가지게 되었기에 자기를 부인해야만 예수님을 따를 수 있다는 것입니다.

다음으로 성경은 우리에게 율법에 대해서 이야기합니다. 율법에 대하여 잘 가르쳐 주는 이야기 가운데 하나가 누가복음 10장에 나오는 '강도 만난 자와 선한 사마리아인' 이야기입니다.

우리도 선한 사마리아인처럼 해야 하는가?

어떤 율법사가 예수님에게 '내 이웃이 누구냐?'고 물었을 때 예수님이 해주신 이야기가 '강도 만난 자와 선한 사마리아인' 이야기입니다.

"예수께서 대답하여 가라사대, 어떤 사람이 예루살렘에서 여리고로 내려가다가 강도를 만나매 강도들이 그 옷을 벗기고 때려 거반 죽은 것을 버리고 갔더라. 마침 한 제사장이 그 길로 내려가다가 그를 보고 피하여 지나가고, 또 이와 같이 한 레위인도 그곳에 이르러 그를 보고 피하여 지나가되, 어떤 사마리아인은 여행하는 중 거기 이르러 그를 보고 불쌍히 여겨 가까이 가서 기름과 포도주를 그 상처에 붓고 싸매고 자기 짐승에 태워 주막으로 데리고 가서 돌보아 주고, 이튿날에 데나리온 둘을 내어 주막 주인에게 주며 가르되 '이 사람을 돌보아 주라. 부비가 더 들면 내가 돌아올 때에 갚으리라.' 하였으니 네 의견에는 이 세 사람 중에 누가 강도 만난 자의 이웃이 되겠느냐? 가로되 '자비를 베푼 자니이다.' 예수께서 이르시되 '가서 너도 이와 같이 하라' 하시니라."(눅 10:30~37)

예수님의 이야기에서, 어떤 사람이 예루살렘에서 여리고로 내려가던 중에 강도를 만나서 죽도록 맞았습니다. 그가 길가에 쓰러져서 죽어가는 것을 세 사람이 보았습니다. 먼저 제사장이 그 길로 지나가다가 그를 보았습니다. 제사장은 어떤 생각을 했을까요? '아, 이 근처에 강도가 있구나. 잘못하면 나도 이 사람처럼 강도를 만나서 죽을 수도 있겠구나.' 자기를 보호하려는 생각이 제일 먼저 일어나, 강도 만난 자보다 자신이 더 중요하니까 제사장은 그를 못 본 체하지 않을 수 없었습니다. 제사장은 얼른 그 자리를 피했습니다. 얼마 후에 레위인이 그곳을 지나갔는데, 그 역시 제사장처럼 생각해서 얼른 피해서 갔습니다.

세 번째로 어떤 사마리아인이 지나가다가 강도 만난 자를 보았습니다. 사마리아인은 '이 사람이 죽어가고 있구나. 내가 도와주지 않으면 죽을 수도 있겠다.'라는 마음을 가졌습니다. 분명히 주위에 강도들이 있고, 그 사람을 도와주다가 강도를 만나면 자기 또한 그렇게 될 수밖에 없는 것을 알면서도 강도 만난 자를 도왔습니다. 그를 보고 불쌍히 여겨 가까이 가서 그의 상처에 기름과 포도주를 붓고 싸맸습니다. 그리고 자기가 타고 온 짐승에 그를 태워서 주막으로 데리고 가서, 주막 주인에게 두 데나리온을 주며 "이 사람을 돌보아 주라. 부비가 더 들면 내가 돌아올 때에 갚으리라."라고 했습니다.

이 사람은 누구를 나타냅니까? 예수님을 가리킵니다. 이처럼 자신의 생명과 모든 것을 내놓고 이웃을 자기 몸처럼 사랑할 수 있는 분은 예수님밖에 없습니다. 예수님은 우리를 당신의 몸처럼 사랑하셨습니다. 그래서 우리 대신 십자가에 못 박혀서 우리를 죄에서 건져 주셨습니다.

예수님이 이야기의 마지막에, '내 이웃이 누구냐?'고 물은 율법사에게 "세 사람 중에 누가 강도 만난 자의 이웃이 되겠느냐?"라고 물으셨습니다. 율법사가 "자비를 베푼 자니이다."라고 대답했습니다. 그러자 예수님이 "너도 이와 같이 하라." 하셨습니다. 성경을 제대로 이해하지 못하면, 예수님이 하신 "너도 이와 같이 하라."는 말씀을 우리도 강도 만난 자를 구원한 사마리아인처럼 해야 한다는 이야기로 들을 수 있습니다. 그런데 예수님이 말씀하신 이야기의 뜻을 정확히 알면 '이와 같이 하라'는 의미도 정확히 알게 됩니다.

내 몸처럼 이웃을 결코 사랑할 수 없다

강도 만난 자 이야기는 어떤 율법사가 '내가 무엇을 하여야 영생을 얻느냐?'고 묻는 데에서 시작됩니다.

"어떤 율법사가 일어나 예수를 시험하여 가로되 '선생님, 내가 무엇을 하여야 영생을 얻으리이까?' 예수께서 이르시되 '율법에 무엇이라 기록되었으며, 네가 어떻게 읽느냐?' 대답하여 가로되 '네 마음을 다하며 목숨을 다하며 힘을 다하며 뜻을 다하여 주 너의 하나님을 사랑하고, 또한 네 이웃을 네 몸과 같이 사랑하라.' 하였나이다. 예수께서 이르시되 '네 대답이 옳도다. 이를 행하라. 그러면 살리라.' 하시니"(눅 10:25~28)

성경은 우리가 율법대로 살 수 없다는 사실을 이야기하고 있습니다. 그런데 율법사는 자신이 무엇을 해서 영생을 얻을 수 있다고 생각했습니다. 율법은, 자기 나름대로 어느 정도 지킬 수 있을지는 모르지만 율법이 말하는 그대로 행할 수 있는 사람은 없습니다. 사람 가운데 누가 이웃을 자기 몸처럼 사랑할 수 있습니까? 한 사람도 없습니다. 우리가 이웃을 내 몸처럼 사랑하려고 하면 그때부터 고달프지기 시작합니다. 그렇게 할 수 있는 분은, 우리를 살리기 위해 당신의 생명을 버리신 예수 그리스도뿐입니다. 강도 만난 자를 보았을 때 자신이 위험에 빠질 수도 있는 상황을 전혀 개의치 않고 내가 죽더라도 저 사람을 살려야겠다는 마음을 가진 분은 예수님밖에 없습니다.

율법사가 예수님에게 '무엇을 해야' 영생을 얻을 수 있느냐고 물었을 때, 예수님이 '율법에 무엇이라 기록되었고, 네가 어떻게 읽느냐?'고 되물으셨습니다. 율법사는 '마음과 목숨과 힘과 뜻을 다하여 하나님을 사랑하고, 이웃을 네 몸처럼 사랑하라고 했다'고 대답했습니다. 십계명을 이야기한 것입니다. 십계명은 1계명에서 4계명까지는 하나님에 대한 계명이고, 나머지 여섯 계명은 이웃에 관한 것입니다. 그것을 요약해서 말하면 율법사가 한 대답과 같습니다. 예수님이 그렇게 행하면 산다고 말씀하셨습니다.

그러나 인간은 율법을 지킬 수 없는 존재입니다. 마음을 다하고 목숨을 다하고 힘을 다하고 뜻을 다하여 하나님을 사랑할 수도 없고, 이웃을 내 몸처럼 사랑할 수도 없습니다.

율법을 지키는 데 있어서 알아야 할 첫 번째 사실은, 율법은 다 어겨야 어긴 것이 아닙니다. 모든 율법을 지키고 하나를 어겨도 율법을 어긴 것입니다. 지금까지 살면서 율법을 한 번이라도 어겼다면 앞으로 율법을 아무리 잘 지켜도 소용이 없습니다. 많은 율법들 가운데 하나라도 어기면 영생을 얻지 못할 뿐 아니라 저주를 받아야 합니다.

"무릇 율법 행위에 속한 자들은 저주 아래 있나니 기록된바 '누구든지 율법 책에 기록된 대로 온갖 일을 항상 행하지 아니하는 자는 저

주 아래 있는 자라.' 하였음이라."(갈 3:10)

십계명에서 열 번째 계명이 '네 이웃의 것을 탐내지 말라'인데, 내가 탐냈다고 해봅시다. 나머지 아홉 계명을 다 지켰다 해도 나는 법을 어긴 자로 저주를 받아야 합니다. 우리가 율법을 어느 정도 지킬 수는 있겠지만 모든 율법을 항상 지킬 수는 없습니다. 그러니까 세상에 율법을 지킬 수 있는 사람은 한 사람도 없습니다. 따라서 율법을 지키려고 하는 사람은 다 저주 아래 있는 것입니다.

율법은 율법 아래 있는 자들에게 말한다

율법에 대하여 알아야 하는 두 번째 사실은, 율법은 율법 아래 있는 자들에게 말한다는 것입니다.

"우리가 알거니와 무릇 율법이 말하는 바는 율법 아래 있는 자들에게 말하는 것이니, 이는 모든 입을 막고 온 세상으로 하나님의 심판 아래 있게 하려 함이니라."(롬 3:19)

'율법은 율법 아래 있는 자들에게 말한다'는 것이 무슨 의미입니까? 예를 들어, 제가 어떤 형제에게 "형제, 거짓말하지 마세요."라고 말했다면, 그것은 그 형제가 거짓말했다는 이야기입니다. 거짓말하지도 않는데 거짓말하지 말라는 법이 있을 리 없습니다. 거짓말하지 말라는 율법이 왜 생겼습니까? 거짓말하기 때문에 하지 말라고 하는 것입니다. 아무도 거짓말하지 않는다면 그 법은 필요가 없습니다.

인간에게 거짓말하지 말라는 법이 주어졌다는 말은 인간이 거짓말했고, 거짓말한다는 사실을 이야기해 줍니다. 도둑질하지 말라, 간음하지 말라, 살인하지 말라, 이 모든 법이 인간이 그렇게 했기 때문에 생긴 법입니다. 도둑질했기 때문에 도둑질하지 말라는 법이 생겼고, 간음했기 때문에 간음하지 말라는 법이 생겼으며, 살인했기 때문에 살인하지 말라는 법이 생겼습니다. 그런 일을 행한 적이 없는데 그런 법이 생길 리 없습니다.

그러니까 율법 아래 있다는 말은, 이미 율법을 어기는 죄를 지었다는 말입니다. 우리는 다 이미 율법을 어긴 자들입니다. 설령 앞으로 죄를 하나도 짓지 않고 율법을 다 지킨다 해도 의미가 없습니다. 사실은 율법이 내려왔을 때 인간은 이미 다 율법을 어긴 사람들입니다. 율법이 말하는 바와 다른 삶을 살아서 율법이 주어진 것입니다. 율법을 잘 지키는 것 같은 사람이 선하게 보일지 몰라도 율법이 내려왔다는 것 자체가 율법을 어겼다는 의미이기에, 사람이 아무리 율법을 지켜도 그것으로는 의롭게 될 수 없고 심판을 피할 수 없습니다.

그런데 율법사가 예수님 앞에서 뭐라고 했습니까?

"어떤 율법사가 일어나 예수를 시험하여 가로되, 선생님 내가 무엇을 하여야 영생을 얻으리이까?"(눅 10:25)

이 율법사는 율법을 가르치는 선생이었습니다. 하지만 그는 율법 아래 있는 자로 율법을 어긴 자였습니다. 그런데 자신이 율법을 잘 지키고 있다고 생각하고 있었습니다. 그래서 내가 '무엇을 하여야' 영생을 얻을 수 있느냐고 물었습니다. 이 사람이 영생을 얻을 만한 행위를 할 수 있는 사람입니까? 그렇지 않습니다. 그런데 자신이 율법 사이기 때문에 율법을 지키려고 하면 지킬 수 있다고 생각했습니다.

사탄이 여러분을 속입니다. 안식일을 지켰다고 생각하게 만듭니다. 그러나 안식일을 정확히 지킬 수 있는 사람은 없습니다. 안식일에는 아무 일도 해서는 안 되고, 어떤 불도 피워서는 안 됩니다. 요리도 하지 말아야 합니다.

제가 이스라엘에 가서 갈릴리호수 등을 돌아보고 '통곡의 벽'을 보러 갔던 날이 안식일이었습니다. 그곳에 있던 이스라엘 경비들이 안식일이니까 사진을 찍지 말라고 했습니다. 안식일에는 아무 일도 해서는 안 되는데, 사진을 찍는 것도 일이라는 것입니다. 함께 간 일행 중에 약간 싱거운 사람이 있었습니다. 그 사람이 경비원들이 워키토키로 상황을 주고받는 것을 보고, 카메라 셔터 누르는 것하고 워키토키 버튼 누르는 것하고 뭐가 다르냐고 물었습니다. 그러고는 우리가 웃고 말았습니다. 그렇게 지켜서는 안식일을 지킬 수 없습니다.

사람들이 안식일을 지켜야 한다고 생각하지만, 예수님께서 '내가 안식일의 주인이다'라고 하셨습니다. 예수님 안에 들어가면 안식 안으로 들어가는 것입니다. 우리가 안식일을 지켜서 안식하는 것이 아니라 예수님 안에서 안식이 이루어지는 것입니다. 예수님 안에서 모든 것이 이루어집니다. 많은 사람들이 그 사실을 몰라서 지금도 안식일을 지키려고 애를 쓰고 있습니다.

안식일을 지켜서 안식하려면 힘들지만, 예수님 안으로 들어가면 우리에게 필요한 모든 일을 예수님이 하셔서 우리는 쉴 수밖에 없습니다. 우리가 받을 벌을 예수님이 대신 다 받으셔서 우리는 벌을 받을 필요가 없습니다. 우리가 지은 죄를 예수님이 다 씻으셔서 우리가 씻어야 할 죄가 없습니다. 신앙생활은 우리가 해야 할 일이 없기 때문에 어려운 것도 없고 힘든 것도 없습니다. 그런데 이 사실을 모르는 사람들은 율법을 잘 지켜서 복을 받으려고 애를 씁니다.

율법사는 "내가 무엇을 하여야 영생을 얻으리이까?"라고 물었지만, 영생은 예수님이 십자가에서 이루신 일을 믿음으로써 값 없이 은혜로 얻는 것이지 율법을 지켜서는 얻지 못합니다. 인간과 율법의 관계는, 우리는 이미 율법을 어겼기 때문에 앞으로 아무리 율법을 지켜도 저주를 받을 수밖에 없습니다. 율법이 율법 아래 있는 자들에게 말한다는 것은, 그들은 결국 저주와 멸망을 받을 수밖에 없다는 이야기입니다.

"우리가 알거니와 무릇 율법이 말하는 바는 율법 아래 있는 자들에게 말하는 것이니, 이는 모든 입을 막고 온 세상으로 하나님의 심판 아래 있게 하려 함이니라."(롬 3:19)

예수님이 율법사에게 강도 만난 자 이야기를 들려주신 뒤 마지막에 "너도 이와 같이 하라." 하셨습니다. 선한 사마리아인처럼 하라는 말입니까? 우리는 이웃을 내 몸처럼 사랑하지 못합니다. 그런데 그 사실을 모르면 예수님을 나타내는 선한 사마리아인의 위치에 우리가 서려고 합니다. 우리는 율법을 지켜서 의롭게 될 수 없는데도, 성경을 모르는 사람들은 '율법대로 살려고 애쓰는 사람들이 있는 교회'를 좋은 교회라고 생각합니다.

왼발이 빠지기 전에 오른발을 디딜 수 있다면

율법사가 예수님을 만납니다. 율법사는 율법을 잘 지키려고 하고, 예수님은 율법을 어긴 사람들을 구원하러 오셨습니다. 율법사는 자신을 구원하러 오신 예수님 앞에서 율법을 지켜서 의롭게 되려고 하고 있습니다. 그래서 예수님이 그에게 "율법에 무엇이라 기록되어 있으며, 네가 어떻게 읽느냐?"라고 물었습니다. 율법사가 말하길, '마음과 목숨과 힘과 뜻을 다해 하나님을 사랑하고, 이웃을 네 몸처럼 사랑하라고 했다'고 대답했습니다. 인간이 절대로 행할 수 없는 일이지만 율법에 대해 잘 아니까 정확히 대답했습니다. 예수님이 그렇게 하면 영생을 얻으니까 그렇게 하라고 하셨습니다.

한번은 제가 나환자촌에서 가진 집회 때 말씀을 전하면서 이렇게 이야기했습니다.

"여러분, 성경에 예수님이 바다 위를 걸어가신 이야기가 나옵니다. 그렇지요? 그래서 저도 예수님처럼 바다 위를 걸어가는 법을 배웠습니다. 제가 오늘 여러분에게 바다 위를 걸어가는 법을 가르쳐 주겠습니다. 좀 어렵기는 하지만 제가 말하는 대로만 하면 됩니다. 바다 위로 걸어가는 법을 배우고 싶습니까? 배우고 싶은 분은 손을 드십시오."

그러자 사람들이 대부분 손을 들었습니다.

"바다 위로 걸어가려면 바닷가에 가서 모래사장을 빠르게 뛰어가십시오. 그리고 먼저 왼발로 바닷물을 밟으십시오. 알겠습니까? 왼발로 바닷물을 밟은 뒤 그 발이 빠지기 전에 얼른 오른발로 다시 바닷물을 밟으십시오. 그리고 오른발이 빠지기 전에 얼른 왼발로 밟으십시오. 그렇게 하면 걸어서 일본까지도 갈 수 있습니다."

사람들이 "에이!" 하고 웃었습니다.

왼발이 빠지기 전에 오른발을, 오른발이 빠지기 전에 왼발을 디딜 수만 있다면 바다 위를 걸어서 어디든지 갈 수 있습니다. 말로는 가능한데, 실제로는 가능합니까? 불가능합니다. 인간은 바닷물에 왼발이 빠지기 전에 오른발을 디딜 수 없습니다. 율법을 지키는 것이 그와 같습니다. 율법을 지키면 영생을 얻습니다. 그러나 지킨 사람은 하나도 없습니다. 지킬 수도 없습니다. 게다가 이미 율법을 어겼기 때문에 설령 앞으로 잘 지킨다 해도 의미가 없습니다.

그렇다면 하나님이 율법을 왜 주셨습니까? 요한복음 8장에 간음하다가 현장에서 잡힌 여자가 나옵니다. 바리새인들과 서기관들이 그 여자를 끌고 예수님 앞에 왔습니다. 그들이 예수님에게 말했습니다.

"선생이여, 이 여자가 간음하다가 현장에서 잡혔나이다. 모세는 이러한 자를 돌로 치라 명했는데 선생은 뭐라고 말하겠나이까?"

율법이 간음하다 잡힌 여자에게 한 일이 무엇입니까? 그 여자를 예수님 앞으로 끌고 왔습니다. 여자가 '간음한 사람은 돌로 쳐서 죽여라'는 율법에 묶여서 아무 데도 가지 못하고 예수님 앞에 있었습니다. 이처럼 율법은 우리가 죄인인 것을 가르쳐서 우리를 예수님 앞에 세우는 일을 합니다.

"그러므로 율법의 행위로 그의 앞에 의롭다 하심을 얻을 육체가 없나니, 율법으로는 죄를 깨달음이니라."(롬 3:20)

죄인인 것을 깨닫지 못하면 죄에서 건져줄 구원자를 필요로 하지 않습니다. 예수님이 우리를 위해 십자가에 못 박혀 죽으셔도 왜 죽었는지 이해가 가지 않습니다. 하나님은 우리로 하여금 죄를 깨닫게 하려고 율법을 주셨습니다. 율법을 지켜서 온전하게 되라고 주신 것이 아닙니다. 그런데 이스라엘 백성들은 율법을 지켜서 온전하게 되려고 했습니다. 물론 그들은 다 율법을 어겼습니다.

십계명 돌판을 법궤 안에 넣고 뚜껑을 닫으라

누가복음 10장 이야기를 다시 살펴보겠습니다. 한 율법사가 예수님에게 무엇을 하여야 영생을 얻느냐고 물었습니다. 그는 이미 율법을 어긴 사람이기에 무엇을 해서 영생을 얻는다는 것은 불가능합니다. 누군가가 그에게 은혜를 베풀어서 그를 죄에서 건져내 주지 않으면 어떤 방법으로도 죄에서 벗어날 수 없습니다. 그런데 율법사는 율법 앞에서 자신의 죄를 깨달은 것이 아니라 율법을 지켜서 영생을 얻으려고 생각했습니다. 이 율법사뿐 아니라 오늘날 예수님을 믿는다는 많은 사람들이 성경을 읽고 율법을 지켜서 의롭게 되려고 합니다.

그러나 하나님은 우리에게 율법을 보지 말라고 하셨습니다. 십계명이 새겨진 돌판을 법궤 안에 넣고 뚜껑을 닫으라고 하셨습니다. 그 뚜껑을 '속죄소'라고 합니다.

**"속죄소를 궤 위에 얹고 내가 네게 줄 증거판을 궤 속에 넣으라."
(출 25:21)**

율법을 보지 못하게 하려고 궤 속에 넣고, 그 위에 우리 죄를 속하는 곳인 '속죄소'를 뚜껑으로 닫았습니다. 속죄소가 영어로는 'Mercy Seat'로 번역되어 있는데, '은혜가 베풀어지는 자리'라는 뜻입니다. 율법에는 긍휼이 없기에 그것을 궤 속에 넣고 그 위를 은혜의 자리인 속죄소로 덮으라는 것입니다. 그 속죄소에 제사장이 피를 뿌렸습니다. 피는 '죄의 삯인 사망'이 지불되었다는 증거입니다. 우리 죄에 대한 값이 다 지불되어서 죄가 다 씻어졌다는 것입니다.

죄가 없는 사람은 법정에 서서 재판을 받지 않습니다. 예수님의 피로 죄를 씻음 받은 사람은 다시 율법 앞에 서서 재판을 받지 않습니다. 그래서 법궤 안에 돌판을 넣은 후 그 뚜껑인 속죄소는 다시 열리지 않습니다. 그 뚜껑을 열고 안을 들여다보면 죽기에 아무도 열 수 없었습니다. 죄인이 생기려면 법이 있어야 하는데, 죄가 다 씻어져서 법이 다시 나타날 일이 없습니다.

우리가 율법을 지켜야 한다는 것은 잘못된 신앙입니다. 하나님이 주신 율법으로 우리가 죄인임을 깨달아야 합니다. '아, 내가 죄를 짓지 않을 수 없고, 내가 해서는 죄를 씻을 수 없으며 의롭게 될 수 없구나.' 그 사실을 깨달으면 이제 속죄소가 필요합니다. 율법을 어겨서 범한 죄의 값으로 속죄소에 피가 뿌려졌습니다. 죄의 값이 다 치러졌기 때문에 이제 율법은 우리를 더 이상 정죄할 수 없습니다. 피로 죄가 씻어졌습니다.

이것이 하나님의 뜻입니다. 그런데 오늘날 교회에 다니는 많은 사람들이 예수님께서 우리 죄를 위해 십자가에 못 박혀 죽으셨다고 말하면서 자신이 죄인이라고 합니다. 예수님이 흘리신 피로 죄를 사함 받아 의롭게 되었다고 하면 오히려 이단시합니다. 자신이 옳다는 기준을 가지고 있기에, 성경과 다른 신앙의 길을 걷고 있으면서도 그렇게 말하는 것입니다.

성경은 자신의 관념을 버리고 있는 그대로 읽어야 합니다. 예수님이 우리 죄를 위해 십자가에 못 박혀 죽으셨는데 죄가 남아 있다면 예수님이 실패했다는 이야기밖에 안 됩니다. 예수님이 실패하셨습니까? 그렇지 않습니다. 우리 죄를 온전히 깨끗하게 씻으셨습니다.

율법을 지켜 천국 갈 것을 믿은 율법사

율법사는 자신이 율법을 열심히 지켜서 천국에 갈 것이라고 생각했습니다. 그래서 예수님에게 "내가 무엇을 하여야 영생을 얻으리이까?"라고 물었습니다. 예수님이 율법사에게 "율법에 무엇이라 기록되었으며, 네가 어떻게 읽느냐?"라고 하셨습니다. 예수님이 율법의 내용만 물으신 것이 아니라 그 율법을 너는 어떻게 읽느냐고 물으셨습니다. 그것은 사람에 따라서 율법을 다르게 읽을 수 있다는 이야기입니다. 기록된 것은 누구나 그대로 이야기할 수 있습니다. 그런데 그것을 어떻게 읽는지는, 어떻게 받아들이는지는 각기 다를 수 있다는 것입니다.

하나님이 인간에게 율법을 주신 목적이 있었습니다. 그런데 사탄은 그 목적과 다른 길로 사람들을 이끕니다. 하나님이 율법을 주신 목적은, 사람들이 '내가 죄를 지었다. 나는 죄인이다. 내 힘으로는 의롭게 될 수 없고 멸망의 심판을 피할 수 없다. 그래서 구원자가 필요하다.'는 사실을 깨우치는 것입니다. 그런데 사탄은 율법을 지켜서 의롭게 되어야 한다고 속였습니다. 사람은 아무리 율법을 지키려고 해도 안 되는데, 사탄은 율법사에게 '나는 율법사로서 율법을 잘 지켜'라는 마음을 갖게 만들었습니다.

그 마음으로 율법사가 예수님 앞에 자랑스럽게 나왔습니다. 예수님이 율법을 어떻게 읽느냐고 하시니까 '마음과 목숨과 힘과 뜻을 다하여 하나님을 사랑하고 이웃을 네 몸처럼 사랑하라고 했다'고 대답했습니다. 전혀 행할 수 없는 대답을, 자신이 할 수 있다고 대답한 것입니다.

강도 만난 자를 내 몸처럼 사랑할 수 있는 것은 선한 사마리아인만 가능합니다. 선한 사마리아인은 자신의 생명을 버릴 마음으로 강도 만난 자를 구원했습니다. 예수님이 강도 만난 자 이야기를 마치면서 율법사에게 "이 세 사람 중에 누가 강도 만난 자의 이웃이 되겠느냐?"라고 물으셨습니다. 율법사는 "자비를 베푼 자니이다."라그 대답했습니다. 예수님이 그에게 다시 말씀하셨습니다. "너도 이와 같이 하라."

　이웃을 내 몸처럼 사랑할 수 있는 분은 예수님밖에 없습니다. 우리는 그러한 예수님의 사랑을 받아야 하는 사람이지, 우리가 구원자가 되어서 이웃을 구원할 수 없습니다. 예수님께서 우리의 이웃이 되셔서 죄에 빠져 죽음으로 가는 우리를 구원하십니다.

4장
새 언약 안에서 만나다

새 언약 안에서 만나다

율법과 함께 성막도 주신 하나님

이스라엘 백성들이 애굽의 고센 땅에서 살다가 하나님의 인도로 모세를 따라 애굽에서 나옵니다. 그들이 홍해를 건너 시나이반도에 있는 시내산 근처에 이르렀을 때, 하나님이 모세를 불러서 시내산 꼭대기로 올라오라고 하셨습니다. 그때가 언제쯤인지 성경 학자들이 연대를 계산해 보니, BC 1491년이었습니다. 하나님이 시내산에 올라온 모세에게 십계명을 주셨습니다. 이스라엘 백성들이 하나님이 주시는 계명들을 다 지키겠다고 했기 때문입니다.

재미있는 사실은, 하나님이 모세에게 율법을 주시면서 하늘나라에 있는 성전을 보여 주셨습니다. 번제단, 물두멍, 등대, 떡상, 향단,

법궤…. 그리고 모세에게 보여준 그대로 이 땅에 성막을 만들라고 하셨습니다.

"내가 그들 중에 거할 성소를 그들을 시켜 나를 위하여 짓되, 무릇 내가 네게 보이는 대로 장막의 식양과 그 기구의 식양을 따라 지을지니라."(출 25:8~9)

"너는 삼가 이 산에서 네게 보인 식양대로 할지니라.(출 25:40)

교회를 성전이라고 일컫는 사람들이 있습니다. 교회에 다니는 대부분의 사람들이 교회를 성전이라고 부르는데, 그것은 잘못된 것입니다. 성전은 하늘나라에 하나 있고, 세상에도 오직 하나가 있습니다. 예루살렘 성전입니다. 이스라엘 백성들이 가나안 땅에 들어가기 전에는 광야에서 건축을 할 수 없기에 성전을 천막으로 만들었는데, 그것이 성막입니다. 이스라엘 사람들은 예루살렘 성전 외에는 그 어떤 장소도 성전이라고 부르지 않습니다. 그들이 가나안에 들어간 후 예배 드릴 장소를 곳곳에 지었는데, 그것을 '회당'이라고 불렀지 성전이라고 부르지 않았습니다. 이스라엘이 로마 군대에 의해 멸망을 당해서 이스라엘 사람들이 세계 곳곳으로 흩어져 생활하면서 지은 예배처 역시 회당이라고 불렀지 성전이라고 부르지 않았습니다.

예배를 드리는 예배당을 절대로 성전이라고 하면 안 됩니다. 성전은 하늘나라에 있고, 그 식양대로 지은 것이 이스라엘에 단 하나 있습니다. 처음에는 성막이었고, 나중에 다윗이 여부스 사람 오르난의 타작마당에 터를 만들고 솔로몬 때에 성전을 지었습니다. 그 성전이 훼

파되기도 하고 보수되기도 하는 과정을 거치다가 로마 군대에 의해 무너졌고, 지금은 그 자리에 회교 사원이 세워져 있습니다.

성전에서 이루어지는 일들 가운데 중요한 일이 죄를 씻는 속죄제사를 드리는 것이었습니다. 만일 하나님이 이스라엘 백성들에게 율법을 주면서 그들이 율법을 지킬 수 있다고 믿으셨다면 무엇 때문에 성막을 만들게 하고 거기에서 속죄제사를 드리게 하셨겠습니까? 출애굽기가 끝나고 레위기가 시작되면, 레위기 첫 장부터 번제, 소제, 화목제에 대하여 나오고, 4장에서는 속죄제에 대해 이야기합니다. 제사장이 범죄했을 때, 이스라엘 회중이 범죄했을 때, 족장이 범죄했을 때, 평민이 범죄했을 때 그 죄를 어떻게 사함받을 수 있는지 자세히 기록되어 있습니다.

날이 이르면 새 언약을 세울 것이라

요한복음 8장에 간음하다 현장에서 잡힌 여자가 나옵니다. 바리새인들과 서기관들이 그 여자를 끌고 예수님 앞에 와서 예수님에게 말했습니다.

"선생이여, 이 여자가 간음하다가 현장에서 잡혔나이다. 모세는 이러한 자를 돌로 치라 명했는데 선생은 뭐라고 말하겠나이까?"

예수님을 올무에 빠뜨리려고 한 질문입니다. 돌로 치라고 하면 예수님이 죄인을 구원하러 왔다는 말이 무너지고, 치지 말라고 하면 하나님이 주신 율법을 무너뜨리는 것이 됩니다. 예수님이 치라고 하든지 치지 말라고 하든지 대답을 해야 하는데, 뭐라고 하셨습니까? 예수님이 손가락으로 땅에 글씨를 쓰시더니 일어나서 이렇게 말씀하셨습니다.

"너희 중에 죄 없는 자가 먼저 돌로 쳐라."

그 말씀을 듣고 아무도 여자를 돌로 칠 수 없었습니다. 다 돌을 내려놓고 돌아갔습니다. 예수님은 율법에 기록된 대로 말씀하시지 않았습니다.

이 말씀에서 아주 중요한 사실이 있습니다. 예수님이 대답하시기 전에 손가락으로 땅에 글씨를 쓰셨다는 것입니다. 성경은 의미 없이 기록된 말씀이 없습니다. 예수님은 왜 손가락으로 땅에 글씨를 쓰셨을까요? 예레미야 31장에서 그 답을 찾을 수 있습니다.

"나 여호와가 말하노라. 보라 날이 이르리니, 내가 이스라엘 집과 유다 집에 새 언약을 세우리라."(렘 31:31)

여기에서 하나님이 날이 이르면 '새 언약'을 세울 것이라고 하셨습니다. 새 언약이라고 하셨으니 이전 언약이 있었다는 이야기입니다. 어떤 언약입니까? 율법입니다. '율법이 법이지, 무슨 언약이야?'라고 생각하는 사람이 있을지 모르겠는데, 다음 구절을 보면 율법이 왜 첫 번째 언약인지 알 수 있습니다.

"나 여호와가 말하노라. 이 언약은 내가 그들의 열조의 손을 잡고 애굽 땅에서 인도하여 내던 날에 세운 것과 같지 아니할 것은, 내가 그들의 남편이 되었어도 그들이 내 언약을 파하였음이니라."(렘 31:32)

여기에서 하나님이 이스라엘 백성을 애굽에서 인도하여 내던 날에 언약을 세웠다고 하셨습니다. 하나님이 이스라엘 백성들에게 율법을 주시기 전에 먼저 말씀하셨습니다.

"… 너희가 내 말을 잘 듣고 내 언약을 지키면 너희는 열국 중에서 내 소유가 되겠고 너희가 내게 대하여 제사장 나라가 되며 거룩한 백성이 되리라. 너는 이 말을 이스라엘 자손에게 고할지니라."(출 19:5~6)

모세가 하나님이 명하신 대로 이스라엘 백성들에게 전하자 이스라엘 백성들이 이렇게 답했습니다.

"백성이 일제히 응답하여 가로되, 여호와의 명하신 대로 우리가 다 행하리이다 …"(출 19:8)

이스라엘 백성이 율법을 지켜서 복을 받겠다고 하나님과 약속을 맺은 것입니다. 그것이 첫 번째 언약입니다. 첫 번째 언약은, '복을 받기 위해 율법을 지키겠다'는 약속이었습니다. 만약 어기면 저주를 받는다는 내용이 뒤따랐습니다.

그런데 이스라엘 백성들이 약속을 지켰습니까? 다 어겼습니다. "… 그들이 내 언약을 파하였음이니라."(렘 31:32) 그러니까 그 약속은 있으나 마나 한 것이 되었습니다. 그래서 하나님께서 날이 이르면 새 언약을 세울 것이라고 하셨습니다. 그리고 요한복음 8장에서 그 일이 이루어집니다.

간음하다 잡힌 여자는 율법대로 하면 분명히 돌에 맞아서 죽어야 합니다. 모세의 율법으로는 이 여자를 살릴 수 없습니다. 이미 간음했기 때문에 심판이 있을 뿐입니다. 율법에는 긍휼이 없습니다. 율법으로 이 여자를 재판하면 죽을 수밖에 없기에 여자를 살리려면 새 법이 필요합니다. 율법 아래서는, 모든 법을 다 지킨 사람은 복을 받지만 그 중에서 하나도 어기면 누구든지 저주를 받습니다. 그러니까 간음하다 잡힌 여자뿐 아니라 어느 누구라도 율법으로 재판하면 저주를 받을 수밖에 없습니다. 그렇기 때문에 인간을 살리기 위해서는 새 법이 필요합니다.

간음은 여자가 했지만 그 죄의 책임은 예수님이
하나님이 첫 번째 언약인 율법을 주실 때에도 손가락으로 쓰셨습니다.
"모세가 돌이켜 산에서 내려오는데 증거의 두 판이 그 손에 있고 그 판의 양면 이편 저편에 글자가 있으니, 그 판은 하나님이 만드신 것이요 글자는 하나님이 쓰셔서 판에 새기신 것이더라."(출 32:15~16)

그리고 바리새인들과 서기관들이 간음하다 잡힌 여자를 끌고 와서 예수님에게 "모세는 이러한 자를 돌로 치라 명했는데 선생은 뭐라고 말하겠나이까?"라고 물었을 때, 예수님이 손가락으로 땅에 글씨를 쓰셨습니다. 하나님과 인간 사이에 율법만 존재한다면 간음하다 잡힌 여자는 죽임을 당해야만 하기에 예수님은 여자를 살리기 위해 손가락으로 땅에 글씨를 쓰셨습니다. 땅에 글씨를 두 번 쓰시고, 새

법으로 여자를 재판했습니다.

그렇다면 예수님이 세우신 새 언약의 내용은 무엇일까요?

"··· **내가 그들의 죄악을 사하고 다시는 그 죄를 기억지 아니하리라. 여호와의 말이니라.**"(렘 31:34)

간음하다 잡힌 여자의 죄를 예수님이 담당하시고, 예수님이 십자가에 못 박혀 죽어 그 죄 값을 치르서 여자의 죄를 눈보다 희게 씻어 주신다는 것입니다.

바리새인들과 서기관들이 예수님에게 '어떻게 할지 빨리 대답하라'고 재촉하는데, 예수님이 여자를 심판했습니다. 이 여자는 간음한 여자입니다. 율법으로 봐도 간음한 여자이고, 새 언약으로 봐도 간음한 여자입니다. 여자가 간음하다 잡혔다는 사실에는 전혀 변화가 없습니다. 그런데 율법으로 심판하면 여자는 죽임을 당해야 하고, 새 언약으로 심판하면 전혀 다른 결과가 나옵니다. 새 언약에서는, 간음은 여자가 했지만 그 죄를 책임지고 씻는 분은 예수님입니다.

사람은 다 율법을 어겨서 저주를 받을 수밖에 없습니다. 그런데 예수님이 인간의 모든 죄를 대신 짊어지시고 그 형벌을 다 받으셨습니다. 그렇게 하심으로써 율법과 다른 새 언약을 세우셨습니다. 이제 사람을 더 이상 율법으로 심판하지 않고 새 언약으로 심판합니다.

"**그들이 다시는 각기 이웃과 형제를 가리켜 이르기를 '너는 여호와를 알라.' 하지 아니하리니 이는 작은 자로부터 큰 자까지 다 나를 앎이니라. 내가 그들의 죄악을 사하고 다시는 그 죄를 기억지 아니하**

리라. 여호와의 말이니라."(렘 31:34)

첫 번째 언약은 '율법을 지키면 복을 받고 어기면 저주를 받는다'였습니다. 두 번째 언약은 '내가 죄를 사하고 그 죄를 기억지 않는다'입니다. 그래서 예수님이 간음하다 잡힌 여자에게 '나도 너를 정죄하지 않는다' 하며 돌려보내셨습니다.

대한민국 법은 내 죄를 용서하지 못했지만…

제가 선교학교 학생으로 있을 때의 일입니다. 대구교도소 19호 감방에 남인환이라는 사형수가 있었습니다. 가족과 친구들이 이따금 면회를 오는데, 자기가 사형수라고 이전과 다르게 대하는 것이 싫어서 "왜 날 빨리 안 죽이냐?"라고 고함을 질러댔습니다.

어느 날, 우리가 만든 전도지가 그가 있던 방에 들어갔습니다. '예수님은 무슨….' 하면서 그가 전도지를 찢어버리려다 독방에서 너무 심심하니까 한번 읽어 보았습니다. 무슨 말인지 이해가 되지 않았지만 옆에 두고 심심할 때마다 읽었습니다. 종이가 해어질 정도로 읽고 또 읽었습니다. 그러다 전도지에 적힌 내용을 제대로 알고 싶은 마음이 일어나, 교도관에게 성경을 구해 달라고 부탁해서 성경을 읽기 시작했습니다.

하루는 누가복음에서 예수님과 함께 십자가에 달린 강도들의 이야기를 읽다가, 예수님이 한 편 강도에게 "오늘 네가 나와 함께 낙원에 있으리라." 하신 대목에서 마음에 느낀 바가 있었습니다. 그래서 그분이 우리에게 편지를 보내와 우리가 찾아갔습니다. 그리고 그날 복음을 전해서 그분이 구원을 받았습니다. 그 후 그분의 삶이 굉장히 변했습니다. 한번은 제가 면회를 갔을 때 저에게 이렇게 말했습니다.

"내가 교도소에 오지 않았으면 어떻게 구원받았겠습니까? 하늘나라에 가는 것이 너무 기쁩니다!"

몇 년 뒤, 제가 군대에 가 있는 동안에 남인환 형제가 사형을 당했습니다. 제가 근무하던 부대로 엽서가 왔는데, 거기 "우리 형제 남인환, 주님 품으로 가다."라고 적혀 있었습니다.

그리고 세월이 많이 흘렀습니다. 하루는 아내와 함께 어느 성도 집을 심방하려고 서울 북악스카이웨이 쪽으로 차를 몰고 올라갔습니다. 그런데 갑자기 눈이 내려 길이 미끄러워서 차를 움직일 수 없었습니다. 마침 길옆에 예배당이 있어서 그 예배당 마당으로 들어가 차를 세웠습니다. 차에서 내리니까, 그 교회 목사님이 차 소리를 듣고는 밖으로 나와 우리를 반기며 안으로 들어오라고 하셨습니다. 이북에서 오신 목사님으로, 마침 김치밥을 했으니 같이 점심을 먹자고 하셨습니다. 김치밥을 양념장에 비벼서 맛있게 먹었습니다. 그러고는 눈이 그칠 때까지 목사님과 이야기를 나누었습니다. 목사님은 자신이 오랫동안 교도소 교목으로 있었다고 하셨습니다. 제가 목사님에게 물었습니다.

"어느 교도소에 계셨습니까?"

"대구교도소에 있었어요."

"몇 년도에요?"

"1960년대부터요."

"혹시 사형수 남인환이라고 아십니까?"

"아, 알지요."

"목사님이 대구교도소에 계셨던 므렵에 그분 사형이 집행되었다는 이야기를 들었습니다."

"예, 사형을 집행할 때 내가 그 자리에 있었어요."

"저는 남인환 씨가 죽기 전에 같이 신앙교지를 나누었던 사람입니다. 그분이 죽어서 너무 섭섭한데, 그분 이야기를 들려주십시오."

하나님이 저에게 남인환 형제의 이야기를 들려주시려고 그 예배당에 들어가게 하셨다는 마음이 들었습니다.

"절차대로 진행되어 남인환 씨의 얼굴에 검은 보자기를 덮었지요. 검사가 나와서 사형 집행문을 읽고, 남인환 씨의 이름과 생년월일 등을 확인한 후 사형을 집행한다고 선언했어요. 그리고 남인환 씨에게 '마지막으로 하고 싶은 이야기가 있느냐?'고 물었지요. 남인환 씨가 하고 싶은 이야기가 있다고 했어요. 검사가 하라고 하자, 얼굴을 덮은 보자기를 벗겨 주면 좋겠다고 했어요. 검사가 그렇게 해주라고 했어요."

남인환 형제는 사형 집행 장소에 있던 사람들에게 이렇게 말했다고 합니다.

"당신들은 내가 제 명에 못 죽고 사형을 당하니까 불쌍하게 보일

겁니다. 그러나 내가 볼 때는 당신들이 불쌍합니다. 당신들은 안 죽습니까? 대한민국 법은 내 죄를 용서하지 못해 이렇게 사형을 당하지만, 하나님 법으로는 내 죄를 다 사함받았습니다. 잠시 후면 나는 하늘나라에 가서 주님과 함께 영원히 행복하게 살 겁니다. 당신들은 대한민국 법으로는 죄인이 아니지만, 하나님 앞에서는 죄 없는 사람이 없습니다. 당신들도 나처럼 예수님을 믿고 죄를 사함받아서 하늘나라에 가면 좋겠습니다."

그렇게 이야기한 후 "나의 갈 길 다 가도록 예수 인도하시니…" 찬송을 부르고 숨을 거두었다고 합니다. 사형을 집행하던 검사가 "대한민국에 이런 사람을 살릴 수 있는 법이 없는 게 원통하다." 하며 눈물을 흘리면서 안타까워했다고 합니다.

남인환 형제도 율법으로 심판을 받았다면 저주를 받을 수밖에 없었습니다. 그러나 간음하다 잡힌 여자처럼 새 언약으로 심판을 받았기에 예수님의 피로 모든 죄를 씻음 받아 의롭게 되었고, 예수님이 한 편 강도에게 "오늘 네가 나와 함께 낙원에 있으리라." 하신 것처럼 그 또한 주님과 함께 있는 사람이 되었습니다.

첫 언약은 돌판에, 새 언약은 우리 마음에 기록하셨다
첫 언약은 돌판에 새겼습니다. 네 부모를 공경하라, 살인하지 말라, 간음하지 말라, 도둑질하지 말라, 거짓 증거하지 말라, 네 이웃의 것을 탐내지 말라. 돌판에 부모를 공경하라고 새겨져 있지만 잔소리하는 부모가 밉습니다. 돌판에 간음하지 말라고 새겨져 있지만 계속해서 음란한 마음이 들어납니다. 탐내지 말라고 되어 있지만 남의 물건이 탐납니다. 율법과 인간의 마음이 다르기 때문에, 율법을 어기는 줄 알면서도 사람들이 살인하고 간음하고 도둑질하고 탐내고 거짓말합니다. 율법에 간음하지 말라고 했기에 간음하지 않는 게 아니고, 간음하고 싶으면 간음합니다. 도둑질하지 말라고 했지만 탐나면 도둑질합니다.

돌판에 기록한 법과 인간의 마음이 맞지 않으니까 사람들이 자꾸 법을 어깁니다. 그런데 법을 마음에 기록해 놓으면 마음에서 간음하기 싫은 마음이 일어납니다. 살인하기 싫고, 도둑질하기 싫고, 거짓말하기 싫은 마음이 일어납니다. 그래서 하나님은 우리 마음에 법을 기록하려고 하셨습니다. 그러면 우리가 하나님을 잘 섬길 것입니다.

지금도 율법을 지키며 죄를 짓지 않으려고 하는 사람들이 많습니다. 저도 오랫동안 그렇게 살았습니다. 그런데 어느 날, 하나님께서 약속대로 내 마음에 당신의 법을 기록하셨습니다. 추하고 어두운 생각에 끌려서 죄를 짓던 내 마음에 하나님의 새 법이 기록된 후 마음에서부터 죄가 싫어졌습니다.

하나님이 첫 번째 언약을 새 언약으로 바꾸셨습니다. 첫 번째 언약은, 율법을 지키면 복을 받고 어기면 저주를 받는다는 약속이었습니다. 새 언약은, 예수님이 우리 죄를 사했고 그 죄를 하나님이 다시 기억하지 않는다는 약속입니다. 첫 번째 법은 하나님이 손가락으로 돌판에 기록하셨고, 새 법은 예수님이 손가락으로 땅에 기록하셨습니다. 땅은 우리 인간을 가리킵니다. 당신의 법을 우리 속에 두며, 마음에 기록하신 것입니다.

"그들이 다시는 각기 이웃과 형제를 가리켜 이르기를 '너는 여호와를 알라.' 하지 아니하리니, 이는 작은 자로부터 큰 자까지 다 나를 앎이니라. 내가 그들의 죄악을 사하고 다시는 그 죄를 기억지 아니하리라. 여호와의 말이니라."(렘 31:34)

우리 죄를 사하고 다시는 그 죄를 기억하지 않겠다는 것이 새로운 법입니다. 간음하다 잡힌 여자는 이 법에 의해서 죽음에서 벗어나 생명을 얻었습니다. 이 복음을 받아들이면 우리 마음에 성령이 들어와서 마음에서부터 죄악이 싫어지고 성령의 이끌림을 받게 됩니다.

새 언약으로 재판을 받으면 누구나 무죄

이 세상에 많은 기독교인들이 있습니다. 그 많은 기독교인들이 각기 두 가지 법 아래 있습니다. 하나님이 주신 새 언약 아래 있는 사람이 있고, 새 언약을 모르는 사람들은 아직도 율법 아래서 율법을 지키려고 합니다. 율법은 '죄와 사망의 법'입니다. 누구든지 율법 앞에 서면 지은 죄로 인해 죽임을 당해야 합니다.

예수님이 새 언약을 세우셨기에 옛 언약 율법은 지나간 법이 되어 이제 효력이 없습니다. 그러니 여러분은 "나는 율법으로 재판을 받지 않겠습니다. 새 언약으로 재판을 받겠습니다."라고 말하십시오. 율법으로 재판하면 모든 사람이 지은 죄로 인해 사형에 해당하지만, 새 법으로 재판하면 어떤 죄를 지었고 얼마나 많은 죄를 지었든지 무죄입니다. 하나님이 옛 법이 아닌 새 법으로 판결하십니다. 저는 예레미야 31장 31절 이하를 수도 없이 읽었지만 이토록 좋은 말씀인지 처음에는 몰랐습니다. 나중에야 그 내용을 바로 알고 얼마나 기쁘고 감사했는지 모릅니다.

저는 옛날에 신앙생활을 할 때 하나님이 나에게 뭐라고 하시는지에 대하여는 별로 관심을 두지 않습니다. 내가 볼 때 죄가 많은 것 같으면 하나님 앞에 나가는 것이 주저되었고, 헌금을 하거나 기도를 하거나 착한 일을 했으면 당당한 마음으로 나갔습니다.

그런데 재판을 받을 때 내가 피고석에 앉아서 아무리 죄가 없다고 해도 소용이 없습니다. 판사가 무죄라고 해야 합니다. 내가 죄가 없다고 고래고래 소리를 질러도 판사가 "징역 20년!" 하면 죄인이 됩니다. 그와 마찬가지로 신앙생활을 하면서 내가 볼 때 내가 착하다, 악하다, 죄를 적게 지었다, 많이 지었다 하는 것은 전혀 중요하지 않습니다. 하나님이 보실 때 어떠하냐가 중요합니다. 공의로운 재판장이신 하나님이 나에 대해 어떻게 판결하시느냐가 중요합니다.

성경에는 하나님이 우리를 어떻게 판결하시는지에 대한 말씀이 여러 곳에 나옵니다. 그 가운데 대표적인 것이 로마서 3장 23절과 24절입니다.

"모든 사람이 죄를 범하였으매 하나님의 영광에 이르지 못하더니,

그리스도 예수 안에 있는 구속으로 말미암아 하나님의 은혜로 값 없이 의롭다 하심을 얻은 자 되었느니라."(롬 3:23~24)

교회에 다니는 사람치고 로마서 3장 23절을 모르는 사람은 거의 없습니다. 모든 사람이 죄를 지어서 하나님의 영광에 이르지 못한다는 사실을 대부분 압니다. 그런데 24절을 아는 사람 또한 거의 없습니다. 24절에서는, 우리가 하나님의 은혜로 값 없이 '의롭다 하심을 얻은 자 되었다'고 했습니다. 하나님이 우리를 보고 '의롭다' 하셨다는 것입니다.

우리는 분명히 죄를 지었습니다. 그런데 예수님이 우리 대신 벌을 받으심으로 말미암아, 우리가 아무것도 하지 않았지만 하나님의 은혜로 의롭다 하심을 얻었습니다. 하나님은 공의로운 재판장이시기에 죄인을 의인이라 하실 수 없고, 의인을 죄인이라 하실 수 없습니다. 우리가 의롭게 되었기 때문에 하나님이 우리를 보고 의롭다고 판결하셨습니다.

그런데 많은 목회자들이 사탄이 주는 안경을 끼고 성경을 봅니다. 죄를 범해서 하나님의 영광에 이르지 못했다는 23절은 아주 잘 알면서 하나님이 우리를 보고 의롭다고 하신 24절은 모릅니다. 그 말씀이 보이질 않아서 죄인이라고 합니다. '의롭다'고 하면 오히려 이단이라고 합니다. 그러나 죄인이라고 하는 사람은 하나님의 말씀을 믿지 않는 사람, 예수님의 십자가를 거스르는 사람입니다. 예수님이 십자가에서 우리 죄를 다 사하셨는데 죄인이라고 하는 것은 예수님의 십자가를 모독하는 것입니다.

우리가 의롭게 되었다는 판결은 고린도전서 6장에도 기록되어 있습니다.

"도적이나 탐람하는 자나 술 취하는 자나 후욕하는 자나 토색하는 자들은 하나님의 나라를 유업으로 받지 못하리라. 너희 중에 이와 같은 자들이 있더니, 주 예수 그리스도의 이름과 우리 하나님의 성령 안에서 씻음과 거룩함과 의롭다 하심을 얻었느니라."(고전 6:10~11)

이 성경에서 뭐라고 이야기하고 있습니까? '우리가 이러이러한 죄를 지었다, 그러나 씻음과 거룩함과 의롭다 하심을 얻었다!'라고 했습니다. 하나님이 오늘 우리에게 뭐라고 말씀하십니까?

"아무것이야, 네가 이러이러한 죄를 지었다. 그러나 주 예수 그리스도의 이름과 하나님의 성령 안에서 씻음과 거룩함과 의롭다 하심을 얻었다. 네 죄가 씻어졌다. 그래서 네가 거룩하여지고 의로워졌다."

우리 죄가 앞으로 씻어질 것이 아니고 우리가 의로워지거나 거룩해질 것이 아니라, 씻음 받았고 거룩함을 얻었고 의로움을 얻었다는 것입니다. 하나님이 성경에서 분명히 이렇게 말씀하셨습니다. 우리는 이 말씀을 믿어야 합니다. 우리가 죄를 안 지었다고 하면 문제가 됩니다. 죄를 지었습니다. 그러나 씻어졌습니다. 거룩해지고 의로워졌습니다. 이것이 하나님의 판결문입니다!

우리는 로마서 8장 23절이나 고린도전서 6장 10절 말씀처럼 죄를 지어서 하나님의 영광에 이르지 못한다는 율법으로 재판을 받지 않습니다. 로마서 3장 24절과 고린도전서 6장 11절 말씀처럼 예수님의 피로 모든 죄가 씻어져서 우리가 의롭고 거룩하게 되었다는 새 언약으로 재판을 받습니다. 하나님 앞에서 재판을 받으면, 우리가 의롭습니다. 하나님이 우리를 보고 의롭고 거룩하다고 판결하십니다.

어느 길을 걸을 것인가?

성도의 삶에는 항상 두 가지 길이 앞에 놓여 있다.
행위와 믿음, 내 생각과 하나님의 말씀,
내가 주관하는가 주님이 주관하시는가 등등.
모든 성도는 두 길 가운데 한 길에 서 있으며,
그것이 사망과 생명을 가르고 저주와 축복을 결정짓는다.
지금 어느 길에 서 있으며, 어느 길을 걸을 것인가?

5장
은혜로 설 것인가, 행위로 설 것인가?

은혜로 설 것인가,
행위로 설 것인가?

하늘에 속한 생명을 가지고 있는 사람

창세기 1장에서 하나님이 첫째 날 빛을 만드셨고, 둘째 날에는 하늘을 만드시고 물을 궁창 위의 물과 아래의 물로 나뉘게 하셨습니다. 물이 똑같은 곳에 있다가 어떤 물은 위로 올라가고 어떤 물은 그냥 남아 있었습니다. 이 말씀은, 같은 사람이지만 위로 올라가는 사람이 있고 남아 있는 사람이 있다는 사실을 이야기해 줍니다. 이 사람들은 다 같은 사람입니다. 위로 올라가는 사람은 눈이 세 개 달린 사람도 아니고 입이 둘인 사람도 아닙니다. 그렇다면 어떤 차이로 하늘로 올라가는 사람이 있고 땅에 남아 있는 사람이 생기겠습니까?

옛날에 아이들이 낚시 놀이를 하는데, 소나무 껍질로 물고기를 만든 후 거기에 못을 박아 고여 있는 물 위에 띄웁니다. 그리고 낚싯대로 쓸 나무에 실을 묶은 뒤 실 끝에 자석을 매답니다. 그러면 소나무 껍질로 만든 물고기가 낚시에 붙어서 올라옵니다. 어떤 물고기가 위로 올라갑니까? 예쁜 물고기나 큰 물고기가 올라갑니까? 자석과 성질이 통하는 못이 박혀 있는 물고기가 올라갑니다. 그것처럼 하늘로 올라가는 사람도 하늘에 속한 생명을 가지고 있는 사람입니다.

감옥 안에서 꿈을 꾼 두 관원장

창세기 후반부에는 요셉에 관한 이야기가 나옵니다. 요셉의 형들이 요셉을 미워해서 상인들에게 팔아버렸습니다. 애굽으로 끌려간 요셉은 애굽 왕 바로의 시위대장 보디발의 집에 종으로 다시 팔려갔습니다. 요셉이 그 집에서 일을 잘해 보디발의 신임을 얻어서 가정 총무가 되었습니다. 그런데 보디발의 아내가 요셉을 유혹하다가 요셉이 응하지 않자, 요셉이 자신을 겁탈하려고 했다고 누명을 씌워 요셉은 감옥에 갇히고 말았습니다.

창세기 40장에서, 요셉은 자신이 갇혀 있던 감옥에서 애굽 왕 바로의 술 맡은 관원장과 떡 굽는 관원장을 만납니다. 두 사람이 죄를 지어서 시위대장 집안에 있던 감옥에 들어온 것입니다. 두 관원장이 어느 날 밤에 똑같이 꿈을 꾸었습니다. 아침에 요셉이 보니 두 사람의 얼굴에 근심 빛이 있었습니다. 그래서 이유를 묻자, 두 사람이 각기 꿈을 꾸었는데 그 꿈을 해석해줄 사람이 없어서 그렇다고 했습니다.

요셉이 '해석은 하나님으로부터 나오니 이야기해 보라'고 했습니다.
 술 맡은 관원장이 먼저 자신이 꾼 꿈을 요셉에게 이야기했습니다. 요셉이 그 꿈 이야기를 듣고 그것이 무엇을 의미하는지 이야기해 주었습니다. 옆에서 듣고 있던 떡 굽는 관원장도 자신이 꾼 꿈 이야기를 했고, 그 꿈 역시 요셉이 해석해 주었습니다. 요셉이 술 맡은 관원장에게는 3일 후에 복직할 것이라고 했고, 떡 굽는 관원장에게는 3일 후에 죽임을 당해 나무에 달려서 새들이 그 몸을 뜯어 먹을 것이라고 했습니다. 그리고 3일 후, 요셉이 꿈을 해석해 준 대로 술 맡은 관원장은 옛 관직을 회복했고, 떡 굽는 관원장은 죽임을 당해 새들이 그 몸을 뜯어 먹었습니다.

예수님의 피를 들고 나아간 술 맡은 관원장

창세기 40장을 읽으면서 두 관원장의 꿈 내용도 알겠고, 요셉이 해석한 대로 되었다는 것도 알겠는데, 두 사람이 꾼 꿈이 왜 그런 결과를 가져오는지 요셉은 아는데 저는 알 수 없었습니다. 그것에 대해 오랫동안 생각해 보았지만 아무리 생각해도 문제가 풀리지 않았습니다. 얼마나 생각했는지 나중에는 두 사람의 꿈을 외우다시피 했습니다.
 어느 날 하나님께서 저에게도 그 꿈에 대해 가르쳐 주셨습니다. 내용을 알고 나서 창세기 40장을 보니, 두 관원장의 꿈이 각기 왜 구원받을 꿈이며 왜 멸망을 당할 꿈인지 너무 재미있게 잘 표현되어 있었습니다.

술 맡은 관원장이 요셉에게 자신이 꾼 꿈 내용을 이야기합니다.

"내가 꿈에 보니 내 앞에 포도나무가 있는데, 그 나무에 세 가지가 있고 싹이 나서 꽃이 피고 포도송이가 익었고, 내 손에 바로의 잔이 있기로 내가 포도를 따서 그 즙을 바로의 잔에 짜서 그 잔을 바로의 손에 드렸노라."

이 꿈이 왜 술 맡은 관원장이 구원받을 꿈인지 처음에는 이해할 수 없었는데, 알기를 스망하는 마음으로 간구하그 성경을 묵상하던 중 하나님이 저도 알게 해주셨습니다.

술 맡은 관원장이 처음 한 이야기가 "내 앞에 포도나무가 있는데"였습니다. 성경에서 포도나무는 예수님을 가리킵니다. 요한복음 15장 1절에서 예수님께서 말씀하시길, **"내가 참 포도나무요 내 아버지는 그 농부라."** 하셨습니다. 술 맡은 관원장 앞에 포도나무가 있었으니, 그는 포도나무 뒤에 있었습니다. 포도나무가 앞에 있어서 술 맡은 관원장을 다 가려준 것입니다.

예수님 뒤에 숨으면 모든 것이 해결됩니다. 요한복음 8장에서 간음하다 잡힌 여자가 돌에 맞아 죽기 위해 끌려가다가 사람들에 의해 예수님 앞으로 갔습니다. 어느 누구도 그 여자를 가려 주지 못했지만 예수님은 그 여자를 가려 주셨습니다. 바리새인들과 서기관들이 여자에게 돌을 던져서 죽이려고 했지만, 여자가 예수님 뒤에 숨으니까 돌이 하나도 여자에게 날아오지 못했습니다. 여자는 고개를 숙이고 있는데 자신에게 쏟아져야 할 돌들이 다 땅으로 떨어졌습니다. 예수님이 돌 하나도 간음한 여인에게 날아오지 못하게 하신 것입니다. 이것이 예수 그리스도의 구원입니다. 예수님 뒤에 숨으면 하나님의 심판을 피할 수 있습니다.

그리고 술 맡은 관원장은 포도나무에 달린 포도를 따서 그 즙을 잔에 담아 바로에게 드렸습니다. 뒤에 이야기할 떡 굽는 관원장의 꿈에는 흰떡이 나타나는데, 포도주와 떡은 예수님의 피와 몸을 나타냅니다. 우리가 성찬식을 하면서 먹는 포도주와 떡은 예수님의 피와 몸을 기념하는 것입니다.

"저희가 먹을 때에 예수께서 떡을 가지사 축복하시고 떼어 제자들을 주시며 가라사대 '받아 먹으라. 이것이 내 몸이니라.' 하시고, 또 잔을 가지사 사례하시고 저희에게 주시며 가라사대 '너희가 다 이것을 마시라. 이것은 죄 사함을 얻게 하려고 많은 사람을 위하여 흘리는바 나의 피 곧 언약의 피니라.'"(마 26:26~28)

그러니까 술 맡은 관원장의 꿈은 자신이 예수님 뒤에 숨었으며 예수님의 피를 들고 왕 앞에 나아갔다는 내용입니다.

제가 정말 감사한 것이, 예수님을 의지해서 하나님 앞에 당당히 설 수 있다는 것입니다. 저는 죄가 너무 많아서 하나님 앞에 서는 것이 가장 두려웠습니다. 지옥에 가는 것이 너무 두려워서 하늘나라에 가고 싶은데 죄가 많아서 갈 수가 없었습니다.

제가 열아홉 살 때, 다니던 교회에서 아주 큰 종을 새로 만들었습니다. 그 종을 종각에 달기 전에 페인트를 칠해서 달면 되는데, 다 달아 놓은 뒤에 페인트칠을 하려고 했습니다. 종각이 무척 높아서 그 높은 데 올라가서 종에 페인트를 칠한다는 것이 여간 위험한 일이 아니었기에 누구도 하려고 하지 않았습니다. 그 일을 제가 하기로 했습니다. 손에 페인트 통과 붓을 들고 종각 꼭대기도 올라갔습니다. 한 손으로 종각을 붙들고 그 손에 페인트 통을 들고 다른 손으로 붓을 잡고 페인트칠을 했습니다.

밑을 내려다보니 가물가물한데, 바닥이 시멘트였습니다. 그대 제 마음에 '내가 여기서 떨어져 죽으면 교회 일을 하다가 죽었으니까 하나님이 좀 봐주시지 않겠나?'라는 생각이 들었습니다. 저는 죄가 너무 많아서 그 상태로 하나님 앞에 선다는 것이 정말 두려웠습니다. 그런데 나중에 예수님을 의지하여 하나님 앞에 서는 길을 찾았을 대 얼마나 기쁘고 감사했는지 모릅니다.

죄를 지었기에 포도나무로 자신을 가렸다

술 맡은 관원장이 꿈을 꾸었는데 그는 포도나무 뒤에 숨었습니다. 예수 그리스도 뒤에 숨은 것입니다. 그 이야기에 앞서 창세기 40장은 이렇게 시작합니다. **"그 후에 애굽 왕의 술 맡은 자와 떡 굽는 자가 그 주 애굽 왕에게 범죄한지라."**(창 40:1) 두 관원장이 왕에게 죄를 지었다고 했습니다. 무슨 죄를 지었는지는 모릅니다. 여하튼 그들은 왕에게 죄를 지었습니다.

술 맡은 관원장은 술에 관해서는 전문가입니다. 소화가 안 될 때에는 어떤 술이 좋고, 잠이 안 올 때에는 어떤 술이 좋고, 몸이 기운이 없을 때에는 어떤 술이 좋고…. 그 일을 가장 잘해서 어느 날 바로의 술을 맡은 관원장이 되었습니다. 기분이 좋았을 것입니다. '내가 술 맡은 관원장이야!'

그런데 자신이 술에 있어서는 가장 높은 위치에 올라갔다고 생각하니까 거만해지기 시작했습니다. 거만하니까 자기 컨트롤이 안 됩니다. 교만한 사람이 하기 어려운 것이 바로 자기 자신을 컨트롤하는 것입니다. 갈라디아서 5장에 나오는 성령의 열매들인 사랑, 희락, 화평, 오래 참음, 자비, 양선, 충성, 온유, 절제 중에서 '절제'가 바로 자기 컨트롤입니다.

술 맡은 관원장은 술에 관한 일을 잘했습니다. 하지만 그로 인해 '나는 매일 왕을 만나. 왕께 매일 술을 가져다 드려.' 하며 마음이 높아졌습니다. 자기 컨트롤이 안 되니까 도를 넘어 해서는 안 될 일을 하고 말았습니다. 왕에게 죄를 지어 감옥에 갇히고 말았습니다.

술 맡은 관원장이 감옥에 있으면서 생각이 많았습니다. '내가 술 맡은 관원장이 되었지만 왕에게 범죄해 결국 감옥에 와 있구나. 이제 내가 어떻게 될까? 벌로 죽임을 당할까?' 두려운 마음이 생겼습니다. 그처럼 두려운 마음이 생겼을 때 포도나무 뒤에 숨어야 합니다. 예수님 뒤에 숨어야 합니다. 예수님은 우리 죄를 해결하기 위해 이 세상에 오셨기 때문입니다. 술 맡은 관원장은 자신이 죄를 지은 사람이라는 사실을 분명히 알았기 때문에 포도나무 뒤에 숨어서 포도나무로 자신을 가렸습니다.

또한, 그는 왕 앞에 나아갈 때 포도주를 들고 갔습니다. 예수님의 피를 들고 나간 것입니다.

"왕이시여, 당신이 저를 술 맡은 관원장의 자리에 앉혀 주셔서 제가 관원장이 되었는데, 교만해져서 왕께 죄를 지었습니다. 이제 제가 왕 앞에 나아가야 하는데, 다른 것을 보지 말고 예수님이 십자가에서 흘리신 피를 보시옵소서. 제가 죄를 지었지만 예수님이 십자가에 못 박혀서 그 죄의 값을 다 치렀습니다. 이 피는 제가 지은 모든 죄의 벌을 받았다는 증거입니다. 제가 죄를 지었지만 그 죄가 예수님이 십자가에서 흘린 피로 씻어졌다는 사실이 입증되었습니다. 왕이시여, 이제 저를 보지 마시고 예수 그리스도의 피를 보고 저를 받아 주시옵소서."

술 맡은 관원장은 다른 것을 의지하지 않고 자신을 위해 십자가에 못 박혀 죽으신 예수님의 피만 의지해서 왕 앞에 나아갔습니다.

오늘날 예수님을 믿는다고 하는 많은 사람들이 예수님의 피만 들고 하나님 앞에 나아가지 않습니다. 아주 많은 사람들이 '나는 십일조를 냈어. 헌금을 많이 했어. 40일 금식기도를 했어.' 등등을 들고 하나님 앞에 나아갑니다. 그런 것들을 들고 가면 결코 살 수 없습니다.

우리가 구원받는 길은 예수 그리스도의 피 외에는 없습니다. "나의 죄를 씻기는 예수의 피밖에 없네"라는 찬송도 있습니다. 우리 죄를 씻는 것은 예수님의 피밖에 없다는 것이 진리입니다. 어떤 죄를 지었든지 예수님의 피는 그 죄를 눈처럼 희게 씻기에 부족함이 전혀 없습니다. 그런데 많은 사람들이 그렇게 생각하지 않습니다. 예수님이 우리 죄를 씻기 위해 십자가에 못 박혀 죽었지만, 그래도 십일조를 드리고 어려운 사람을 돌보아주는 등 착한 일을 해야 하늘나라에 갈 수 있다고 생각합니다. 그런 일들을 하는 것이 사람들에게 인정을 받을지는 모르지만 죄를 씻는 데에는 아무 도움도 주지 못합니다.

술 맡은 관원장은 왕 앞에 포도주를 가지고 나아갔습니다.

'내가 죄를 지었지만 예수님이 흘리신 피로 그 죄가 다 씻어져서 이제 내가 의롭습니다. 깨끗합니다. 거룩합니다!'

이렇게 믿는 것이 예수님을 믿는 신앙입니다.

좋은 음식들을 흰떡 위에 얹은 떡 굽는 관원장

술 맡은 관원장의 꿈이 길한 꿈이라는 해석을 듣고 떡 굽는 관원장도 자신이 간밤에 꾸었던 꿈 이야기를 했습니다.

"나도 꿈에 보니 흰떡 세 광주리가 내 머리에 있고, 그 윗광주리에 바로를 위하여 만든 각종 구운 식물이 있는데 새들이 내 머리의 광주리에서 그것을 먹더라."

떡 굽는 관원장이 꾼 꿈에는 문제가 있었습니다. 술 맡은 관원장 앞에 포도나무가 있고 거기에 세 가지가 있었던 것처럼, 떡 굽는 관원장의 머리에 흰떡 세 광주리가 있었습니다. 앞에서 이야기한 대로 이 떡은 우리를 위해 찢긴 예수님의 몸을 나타냅니다.

"또 떡을 가져 사례하시고 떼어 저희에게 주시며 가라사대 '이것은 너희를 위하여 주는 내 몸이라. 너희가 이를 행하여 나를 기념하라.' 하시고"(눅 22:19)

술 맡은 관원장이 포도주를 가지고 왕 앞에 나아갔던 것처럼 떡 굽는 관원장도 흰떡干 가지고 왕 앞에 나아가면 되었습니다. "왕이시여, 내가 죄를 지었지만 예수님이 내 죄를 위해 십자가에 못 박혀 그 몸이 찢기셨나이다." 하면 되었습니다. 그런데 이 사람은 예수님이 자기 죄를 위해 죽으셨지만 그래도 자신이 무엇을 더 해야 한다고 생각했습니다. 그래서 제일 위에 있는 광주리에 바로를 위해 만든 각종 구운 식물食物들을 얹었습니다. 그 식물들이 떡을 덮어버린 것입니다. 자신이 준비한 좋은 것들이 자기를 위해 찢긴 예수님의 몸을 덮어버린 것입니다.

교회에 다니는 사람들이 떡 굽는 관원장과 같을 때가 있습니다. 예수님이 내 죄를 짊어지고 십자가에 못 박혀 그 몸이 찢기셨지만, 그것만 가지고는 하나님 앞에 서는 데에 부족하다고 생각합니다. 떡 굽는 관원장은 '이 떡만 가지고는 부족한 것 같아. 내가 뭐라도 더 준비해서 가야겠다.'라고 생각했습니다. 우리가 죄 사함을 받을 때 자신의 행위가 조금이라도 들어가면 그것은 은혜가 아닙니다.

하나님은 은혜로 우리를 구원하십니다. 은혜란 일한 것이나 노력한 것이 없는데 아무 값도 받지 않고 공짜로 주는 것입니다. 하나님은 우리에게 많은 선물을 주시지만, 특별히 죄를 사하는 일은 정말 은혜로만 주고 싶어하십니다. 우리를 구원하는 일을 하나님이 온전히 이루신다는 것입니다. 그렇기 때문에 죄 사함을 받는 데에 내 행위가 조금이라도 들어가면 그것은 은혜가 아닙니다. 내가 기도해서, 선을 행해서 죄 사함을 받으려고 하면 그것은 은혜에서 떠난 것으로 하나님이 준비하신 복을 받을 수 없습니다.

우리가 구원의 은혜를 입기 위해서는 하나님 앞에 예수님이 흘리신 피, 예수님의 찢기신 몸 외에 아무것도 가지고 가서는 안 됩니다. 우리를 위해 찢기신 예수님의 몸이면 충분합니다. 그런데 떡 굽는 관원장은 그것만으로는 부족하다는 생각이 들었습니다. '이것만 가지고는 왕이 만족하시지 않을 거야. 뭔가 더 가지고 가야 돼.' 그래서 자신이 보기에 좋은 음식들을 제일 윗광주리에 얹었습니다.

요셉이 떡 굽는 관원장의 꿈 이야기를 듣고 뭐라고 해석했습니까?
"당신은 사흘 후에 죽습니다. 바로가 당신의 머리를 끊고 당신을 나무에 달리니, 공중의 새들이 당신의 몸을 뜯어 먹을 겁니다."

경건치 않고 일도 하지 않은 우리를 의롭다는 하나님
우리가 하나님 앞에 서기 위해서 무엇을 잘해야 하는 것이 아니고 다만 은혜로 선다는 사실을 성경은 여러 곳에서 이야기하고 있습니다. 특별히 로마서 4장이 그에 대하여 분명히 이야기해 줍니다.

"일하는 자에게는 그 삯을 은혜로 여기지 아니하고 빚으로 여기거니와"(롬 4:4)

먼저 일하는 자가 나옵니다. 일하는 자, 즉 무엇인가를 하는 사람은 그것에 대한 삯을 은혜로 여기지 않고 빚으로 여깁니다. 마땅히 받아야 할 것으로 여기는 것입니다. 만일 누가 자신이 잘한 일을 들고 하나님 앞에 서려고 한다면, 그 사람은 은혜로 선 것이 아니라 자신이 잘한 것에 대한 삯을 받으려고 하는 것입니다. 즉 마땅히 받아야 할 것을 받으려고 하는 것입니다.

"일을 아니할지라도 경건치 아니한 자를 '의롭다' 하시는 이를 믿는 자에게는 그의 믿음을 의로 여기시나니"(롬 4:5)

이번에는 일하지도 않고 경건하지도 않은 자가 나옵니다. 그런데 하나님이 그 사람을 의롭다고 하십니다. 하나님이 그렇게 말씀하신 것을 믿으면 그 사람이 의를 갖게 된다는 것입니다.

하나님이 일도 하지 않고 경건치도 않은 사람을 의롭다고 하셨습니다. 왜 그렇습니까? 예수님이 경건치 않은 우리를 위해 죽으셨기 때문입니다. **"우리가 아직 연약할 때에 기약대로 그리스도께서 경건치 않은 자를 위하여 죽으셨도다."**(롬 5:6) 예수님이 우리 죄의 벌을 받으셔서 죄가 다 씻어졌기 때문입니다.

우리는 경건치 않은 자를 의롭다고 하시는 하나님을 믿어야 합니다. 그런데 많은 사람들이 성경 말씀을 믿지 않고 자기 생각을 믿습니다.

'내가 도둑질했는데 어떻게 의로워?'

'내가 거짓말했는데 어떻게 의로워?'

'내가 남을 미워했는데 어떻게 의로워?'

'내가 간음했는데 어떻게 의로워?'

자기 양심의 이야기를 듣지 하나님의 말씀을 듣지 않습니다. 그러나 하나님은 경건치 않고 일도 하지 않은 우리를 보고 의롭다고 하셨습니다. 혹시 하나님이 실수로 의롭다고 하셨어도 책임은 하나님께 있습니다. 그러나 하나님은 절대로 실수하시지 않고, 거짓말하시지도 않습니다. 우리 죄가 완벽하게 씻어진 것을 보시고 하나님이 우리를 보고 의롭다고 하셨습니다.

예수님의 흘리신 피와 찢기신 몸만으로도 충분하다

창세기 40장은 구원받는 사람과 멸망을 당하는 사람의 이야기를 우리에게 해주고 있습니다. 구원의 길과 멸망의 길을 보여주고 있습니다. 우리가 어떻게 죄를 사함받아 축복을 얻는지, 저주를 받는 사람은 왜 저주를 받는지 이야기합니다.

오늘날 교회에 다니는 많은 사람들이 예수님의 피만으로 부족하다고 생각합니다. 예수님이 우리 죄를 위해 십자가에 못 박혀 죽으셨지만 그것으로 내 죄가 다 사해졌다고 믿지 않습니다. 그래서 죄를 씻기 위해 무엇을 더 보태야 한다고 생각합니다. 그 길을 걷는 사람은 멸망을 당합니다. 창세기 40장이 우리에게 그 이야기를 해주고 있습니다. 그 사람은 예수님의 십자가를 무시하는 죄를 짓고 있는 것입니다.

술 맡은 관원장이 포도주만 가지고 왕 앞에 나아갔듯이 떡 굽는 관원장이 흰떡만 가지고 왕 앞에 나아가면 됩니다.

"하나님, 이 몸을 보십시오. 이것은 내 죄의 값을 치르기 위해 채찍에 맞고 십자가에 못 박혀 찢긴 예수님의 몸입니다. 내가 죄를 지었지만 예수님이 나를 대신해 맞고 죽으심으로 내 죄가 다 씻어졌습니다. 그것을 보고 나를 받으시옵소서."

어떤 죄를 지은 사람이라도 하나님 앞에 예수님의 피와 찢긴 몸을 들고 서면 하나님이 그 사람의 죄에 대해 결코 말씀하시지 않습니다. 예수님의 피와 몸은 우리 죄를 완벽하게 해결했다는 증거이기 때문입니다. 우리가 하나님 앞에 그것을 내놓으면 하나님이 아무 말씀 하시지 않고 "천사야, 빨리 와서 하늘나라로 데리고 가거라." 하십니다.

우리가 하나님 앞에 나아갈 때 예수님이 흘리신 피와 찢기신 살만 의지해서 나아가야 합니다. 그것만으로 충분합니다.

6장
말씀을 좇을 것인가, 생각을 좇을 것인가?

말씀을 좇을 것인가,
생각을 좇을 것인가?

하나님이 성경을 보존해 말씀을 읽을 수 있게 하셨다

신구약 성경 66권이 우리 손에 들려 있다는 사실이 말할 수 없이 감사합니다. 이 성경은 하나님의 말씀입니다. 그동안 많은 사람들이 이 땅에서 성경을 없애려고 궤계를 부렸지만 하나님이 이 말씀을 지켜 주셨습니다.

성경을 손으로 베껴서 쓴 사본들 가운데 '사해사본'이 있습니다. 1947년에 어느 목동이 사해 바닷가에서 양을 잃어버려 찾으러 다니다가 바닷가 절벽 위에 있는 동굴들을 보고, 그 안에 양이 있는가 하여 동굴 안으로 돌멩이를 던지자 안에서 항아리 깨지는 소리가 났습니다. 소년이 동굴 안으로 들어가 보니 항아리들이 있고, 그 안에 양피

지에 기록한 이사야 성경 등이 있었습니다. 그 성경은 기원전 1~2세기에 기록된 것으로, 거기에 기록된 말씀이 현재 우리가 사용하고 있는 성경에 기록된 말씀과 같았습니다. 하나님의 말씀이 보존되었음을 보여준 증거였습니다.

그 뒤 15세기 중반에 구텐베르크에 의해 금속활자가 만들어져서 성경이 처음으로 인쇄되었습니다. 그 전에는 성경을 일일이 베껴서 만들었기 때문에 사본을 하나 만드는 데 시간이 많이 들었지만, 금속활자로 성경을 찍어내면서 전과 비교할 수 없이 많은 성경이 만들어졌습니다. 하나님이 성경을 보존하셨고, 그 말씀을 우리가 읽을 수 있게 해주셨습니다.

휴대폰 안에는 스피커, 녹음기, 카메라 등등 아주 많은 기계들이 들어 있습니다. 컴퓨터를 처음 만들었을 때에는 그 크기가 건물만 했는데, 기술이 계속 발전하면서 컴퓨터의 크기가 점점 줄어들어서 지금은 작은 휴대폰 안에 엄청난 성능과 용량을 가진 컴퓨터가 들어 있습니다.

휴대폰에서 제일 중요한 기능은 다른 사람과 통화하는 것입니다. 그것을 가능하게 해주는 것이 발진기입니다. 발진기는 보통 크리스털로 만듭니다. 크리스털을 아주 얇게 쪼갠 뒤 서로 마주 대하게 하고 전류를 통과시키면 신기하게 전파가 만들어집니다. 소리는 1초에 340미터를 가는데, 전파는 1초에 30만 킬로미터를 갑니다. 지구를 일곱 바퀴 반 돕니다.

휴대폰으로 전화를 걸면 휴대폰 안에서 전파가 만들어지고, 그 전파에 말하는 사람의 소리를 실어서 기지국으로 보냅니다. 그러면 그 기지국에서 다른 기지국을 거쳐서 보내든지 직접 보내든지, 통화하려는 사람의 휴대폰으로 그 전파를 보냅니다. 전화를 받을 사람의 휴대폰에서 전파를 받으면 그 속에 들어 있는 소리를 분리해 내고, 그 소리가 스피커를 통해 흘러나와서 통화가 되는 것입니다. 어느 나라에 사는 사람이든지 기지국을 통해서 전파가 전달되면 서로 통화할 수 있습니다.

하나님이 인간을 만드실 때 하나님의 마음을 받아들일 수 있는 '마음'을 만드셨습니다. 내가 가진 휴대폰이 나와 통화하길 원하는 사람이 보낸 전파를 받아들이면 그 사람과 대화할 수 있는 것처럼, 우리가 하나님의 말씀을 받아들이면 그 속에 들어 있는 하나님의 마음과 교류하게 됩니다.

성경 말씀에는 하나님의 마음이 담겨 있습니다. 그래서 누구든지 말씀을 받아들이면 그 안에 담겨 있는 하나님의 마음이 우리 마음에 흘러들어옵니다. 그런데 휴대폰이 제대로 작동하지 않아서 상대가 보낸 전파를 받지 못하면 그 전파에 담긴 음성이나 영상이 나에게 전달될 수 없듯이, 우리 마음에서 하나님의 말씀을 받아들이지 못하면 그 말씀 속에 담겨 있는 하나님의 은혜나 축복이나 능력 또한 전달되지 않습니다.

여호와께서 하늘에 창을 내신들 어찌 이런 일이

사람들이 하나님의 말씀을 들을 때 고장난 휴대폰처럼 말씀이 제대로 들리지 않는 경우가 많습니다. 하나님의 세계와 우리가 사는 세계가 전혀 맞지 않기 때문에, 이 세상에서 하나님의 말씀을 들으면 말이 전혀 안 되는 이야기처럼 들립니다. 열왕기하 7장에서 하나님의 사람 엘리사가 사마리아 성 사람들에게 외쳤습니다.

"엘리사가 가로되, 여호와의 말씀을 들을지어다. 여호와께서 가라사대 '내일 이맘때에 사마리아 성문에서 고운 가루 한 스아에 한 세겔을 하고, 보리 두 스아에 한 세겔을 하리라.' 하셨느니라."(왕하 7:1)

그때 사마리아 성은 아람 군사들에게 포위를 당해 먹을 것이 다 떨어져서 사람들이 굶어 죽어가고 있었습니다. 그런데 엘리사가 내일 이맘때에 양식이 넘친다고 외친 것입니다. 그 이야기를 들은 한 장관이 생각했습니다. '뭐? 내일 고운 가루 한 스아에 한 세겔을 하고 보리 두 스아에 한 세겔을 한다고? 하나님이 하늘에 창을 내도 그런 일은 일어나지 않겠다.' 장관이 엘리사에게 말했습니다.

"여호와께서 하늘에 창을 내신들 어찌 이런 일이 있으리오."

그가 하는 이야기를 듣고 엘리사가 말했습니다.

"네가 네 눈으로 보리라. 그러나 그것을 먹지는 못하리라."

지금 사마리아 성은 아람 군사들에게 포위당해 있고, 성에서는 양식이 떨어져 사람들이 굶어 죽어가고 있는데, 내일 이맘때에 고운 가루 한 스아(약 7.3리터)와 보리 두 스아에 각각 한 세겔(은 11.4그램,

현재 시세로는 약 만원)씩 한다는 것은 말이 안 되는 이야기입니다.

그런데 하나님이 일하시기 시작했습니다. 사마리아 성문 어귀에 문둥이 네 사람이 있었는데, 그들은 문둥병에 걸려서 성에 들어가지 못하고 성 밖에서 지내고 있었습니다. 하루는 문둥이들이 서로 이야기했습니다.

"우리가 어찌 여기 앉아서 죽기를 기다리랴? 우리가 성에 들어가자고 할지라도 성중은 주리니 우리가 거기서 죽을 것이요, 여기 앉아 있어도 죽을지라. 그런즉 우리가 가서 아람 군대에게 항복하자. 저희가 우리를 살려두면 살려니와 우리를 죽이면 죽을 따름이라."

네 문둥이가 황혼녘에 아람 군대를 향해 걸어갔습니다. 비척비척 걸어가다가 넘어지고, 또 넘어지면서 갔습니다. 해가 지고 캄캄해지는데, 문둥이들이 걸어가면서 쓰러지는 소리를 하나님이 음향 효과를 내서 수많은 말발굽 소리, 병거 소리, 큰 군대의 소리로 들리게 했습니다. 캄캄해서 잘 보이지 않는데 저 멀리서 엄청난 소리가 몰려오니까 아람 군사들이 정신을 잃었습니다. "이게 무슨 소리야?! 이스라엘 백성들이 애굽과 다른 나라에 돈을 주어서 그 군사들이 우리를 치러 오고 있다!" 그들이 혼비백산하여 말도 타지 않고 정신없이 도망을 갔습니다.

얼마 뒤 문둥이 네 사람이 아람 진에 도착해서 보니 진에 사람이 아무도 없었습니다. 한 장막에 들어가니 밥상이 차려져 있고 찌개가 보글보글 끓고 있었습니다. '이게 꿈이야 생시야!' 문둥이들이 마음껏 먹었습니다. 금과 은과 의복을 감추었습니다. 그리고 사마리아 성에 가서 그 사실을 이야기해 사람들이 아람 진으로 달려가서 그날 사마리아 성에서 고운 가루 한 스아에 한 세겔을 하고, 보리 두 스아에 한 세겔을 했습니다.

의롭다는 성경 말씀에 마음을 합한 루고 대통령

사람들이 하나님의 말씀을 마음에 잘 받아들이지 않기 때문에, 하나님은 사람들 가운데 말씀을 받아들여서 그 마음이 하나님과 같아진 사람을 찾습니다.

"그 후에 저희가 왕을 구하거늘 하나님이 베냐민 지파 사람 기스의 아들 사울을 사십 년 간 주셨다가 폐하시고, 다윗을 왕으로 세우시고 증거하여 가라사대 '내가 이새의 아들 다윗을 만나니 내 마음에 합한 사람이라. 내 뜻을 다 이루게 하리라.' 하시더니"(행 13:21~22)

하나님이 이스라엘 백성에게 원하시는 것은, 예루살렘에 성전을 지어서 하나님이 그들의 하나님이 되고 그들은 하나님의 백성이 되는 것이었습니다. 그런데 성전을 지어야 할 예루살렘 성은 여부스 족속이 산에 건설한 산성이어서 난공불락이었습니다. 이스라엘 백성이 가나안 땅에 들어간 지 440년이 지나는 동안 누구도 공격하지 못했습니다.

성전이 없었던 시대에 이스라엘 백성들이 어떻게 살았습니까? 그들이 가나안 땅에 들어간 후 400년 동안 사사시대가 이어졌습니다.

사사들이 백성들을 인도하는 동안 그들이 하나님을 섬기며 복을 받다가 사사들이 죽으면 하나님을 버리고 이방 신들을 섬겼습니다. 그렇게 살다가 어려움을 겪으면 다시 하나님을 찾았습니다. 하나님이 또 사사를 세워서 그들을 어려움에서 벗어나게 해주면 그들이 하나님을 섬기다가 다시 하나님을 버리고 이방 신을 섬겼습니다. 그런 삶을 400년 동안 계속했습니다.

그런데 다윗이 왕이 된 후 여부스 성을 공격해서 점령했습니다. 다윗은 그곳에 성전을 짓기 원하시는 하나님의 마음을 알았기 때문입니다.

제가 전에 파라과이 페르난도 루고 대통령의 초대를 받아서 그분을 만난 적이 있습니다. 대통령을 만나기 전에 비서실장에게 전화해 면담 시간이 얼마나 되느냐고 물으니 40분이라고 했습니다. 대통령께서 그라시아스합창단을 굉장히 좋아해서 합창단 단원들과 함께 가기로 했기에, 합창단이 노래를 세 곡은 불러야 했습니다. 세 곡을 부르면 10분은 걸립니다. 그리고 일행이 열 명이 넘었기에 대통령께 인사하는 데에도 5분 정도 걸립니다. 그렇게 15분을 빼면 남은 시간이 25분이었습니다. 그 시간 안에 복음을 전해야 했습니다. '25분 안에 어떻게 죄 사함에 대한 이야기를 할까?' 밤새도록 정리를 했습니다.

다음날 대통령궁에 가기 전에 합창단 단원들에게 말했습니다. "여러분은 대통령께 아무 이야기도 하지 마세요. 대통령께 복음을 전해야 해요. 그런데 시간이 모자라요. 대통령께서 무엇을 물으면 '예, 아니오'로만 대답하세요." 실제로 대통령을 만나서 간단히 인사를 하고 나니까 5분이 지나갔습니다. 이어서 합창단이 노래를 마치고 나니까 정확히 25분이 남았습니다.

제가 복음을 전하려고 사도행전 13장 22절을 읽었습니다. **"내가 이새의 아들 다윗을 만나니 내 마음에 합한 사람이라."** 그리고 이야기를 시작했습니다.

"먼저 각하가 파라과이를 다스리는 동안 하나님이 파라과이와 각하를 축복해 주시기를 바랍니다. 그런데 성경에 보면 하나님이 사울을 왕으로 세웠다가 폐했다고 했습니다. 자기 길로 갔기 때문입니다. 하나님은 당신의 마음에 맞는 사람을 찾으셨습니다. 성경은 '이새의 아들 다윗을 만나니 내 마음에 합한 사람이라. 그로 내 뜻을 다 이루게 하리라. 라고 이야기했습니다. 하나님이 찾는 사람은 어떤 사람입니까? 정직한 사람? 남을 잘 섬기는 사람? 지혜로운 사람? 아닙니다. 하나님은 당신과 마음이 하나가 된 사람을 찾으십니다. 다윗은 하나님과 마음이 합한 사람이었기 때문에 하나님이 사울을 폐하고 다윗을 왕으로 삼으셨습니다.

대통령 각하, 각하가 다윗처럼 하나님과 마음을 같이하면 하나님이 이 나라를 복주시고 각하에게도 복을 주실 것입니다. 그렇다면 어떻게 하나님과 마음을 같이할 수 있습니까? 예수님이 우리 죄를 다 씻어서 성경에서 하나님이 우리를 보고 의롭다고 말씀하셨습니다.

우리도 '하나님, 제가 의롭습니다.' 하고 하나님이 하신 말씀에 마음을 합하는 것입니다."

대통령께 예수님이 우리 죄를 어떻게 씻으셨는지 이야기하자 진지하게 말씀을 듣다가 갑자기 얼굴이 붉어지면서 내 손을 꽉 잡으셨습니다. 하나님의 말씀대로 모든 죄가 사해진 사실이 대통령의 마음에 임한 것입니다.

그 뒤에 루고 대통령이 암에 걸렸습니다. 파라과이에 그 암을 치료할 만한 병원이 없어서 브라질로 갔습니다. 그때 한 상원의원도 똑같은 암에 걸려서 두 사람이 같이 갔습니다. 브라질 대통령이 파라과이 대통령이 입원한 병원의 병원장에게 전화해서 대통령을 잘 치료해달라고 부탁했습니다. 그런데 대통령의 병세가 점점 악화되었습니다. 의사들이 치료를 위해 세 번 회의를 했는데, 마지막 회의 때 어떤 여자 의사가 말했습니다.

"우리는 파라과이 대통령을 치료하는 데 실패했습니다. 대통령이 우리 병원에 올 때는 발로 걸어 들어왔는데, 지금은 말도 하지 못하고 있습니다. 대통령을 치료하는 데 실패했는데도 우리는 여전히 같은 방법을 쓰고 있습니다. 계속 이 방법으로 치료하면 결국 대통령은 죽습니다. 우리 방법이 틀렸다는 사실을 이야기해주고 있는데 이제 방법을 바꾸어야 합니다."

의사들이 그 이야기에 공감해 "그럼 어떻게 해야 하냐?" 하고 의논했습니다. 그들이 생각하다가 "대통령이 오늘 병원에 처음 온 것처럼 다시 시작하자."는 결론에 이르렀습니다. 대통령의 몸을 다시 검사하기 시작했습니다. 그리고 의사들이 전에 진단했던 암 외에 앞가슴에 있던 병을 발견해 바로 수술했고, 다음날부터 대통령이 말을 하기 시작했습니다. 나중에 제가 루고 대통령을 만났을 때 대통령께서 셔츠의 단추를 풀더니 가슴에 있는 수술 자국을 보여 주었습니다.

당시 파라과이에서는 대통령이 죽으면 누가 후계자가 될 것인지 다투고 있었는데, 대통령이 나아서 파라과이로 돌아왔습니다. 그리고 그날, 같이 간 상원의원은 죽었습니다. 똑같은 병으로 똑같이 비행기를 타고 브라질르 갔는데, 같은 날 한 사람은 살아서 돌아오고 한 사람은 죽었습니다. 대통령께서 저에게 "하나님이 저를 쓰길 원하셨습니다."라고 했습니다.

예수님과 한마음이 되면, 척수염 아무것도 아냐
성경은 인간의 지혜로 절대로 이해하지 못합니다. 하나님의 말씀이기 때문입니다. 많은 성경학자들이 자기 지혜로 성경을 해석하고 있지만 인간은 결코 성경을 바르게 해석할 수 없습니다. 다만 하나님의 말씀을 그대로 믿을 때 우리 마음이 하나님의 마음과 하나가 되며, 지금까지 보았던 세상과 전혀 다른 세계를 보는 눈이 뜨입니다.

저는 말씀을 믿음으로 말미암아 하나님이 역사하시는 것을 정말 많이 보았습니다. 한번은 울산에서 전도 집회를 마치고 차를 타고 올라오다가 밤이 깊어서 기쁜소식구미교회에 들러 잠을 자고, 이튿날 새벽 모임 시간에 말씀을 전했습니다. 그날 어떤 여학생이 예배당 뒤편에서 휠체어에 앉아 말씀을 듣고 있었습니다. 제가 말씀을 다 전한 뒤 그 여학생에게 다가가 물었습니다.

"다른 사람은 다 의자에 앉아 있는데 너는 왜 휠체어에 앉아 있어? 여기 앉아 있는 게 재미있어?"

그 여학생이 자기는 고등학교 3학년 최수현이라고 하며 자신의 이야기를 했습니다. 얼마 전에 이상하게 다리에 감각이 없었답니다.

"엄마, 내 다리가 이상해."

"왜?"

"다리에 감각이 없어."

"돌아오겠지, 뭐."

그런데 다리의 감각이 점점 더 없어져서 무릎에도 감각이 없었습니다. 병원에 가서 검사를 받으니 척수염으로, 온몸이 점점 마비되고 기능을 잃어가는 난치병이라고 했습니다. 병이 점점 진행되어 나중에는 배까지 감각이 없어졌습니다. 배에 감각이 사라지니까 대소변을 볼 수 없었습니다. 사흘마다 약을 먹고 엄마가 배를 밀어서 대변을 배출하고, 소변은 기계를 넣어서 뽑아냈습니다. 의사가 병이 계속 진행되어서 침대에 누워 지내다가 죽을 거라고 했습니다.

열아홉 살, 한창 피어나는 꽃 같은 여학생이 병으로 죽어가는 것이 너무 안타까웠습니다. 제가 잠깐 생각을 했습니다.

'만약 여기 내가 오지 않고 예수님이 오셨다면 어떻게 하셨을까?

예수님은 분명히 이 학생을 고치셨을 거야.'

예수님이라면 그 학생을 고치셨을 거라고 확실히 믿어졌습니다. 제가 그 학생에게 이야기했습니다.

"수현아, 내 이야기를 들어봐. 전기는 전선을 통해 흘러."

전기는 잘생긴 사람 집에도 가고 못생긴 사람 집에도 갑니다. 전선만 연결되면 전기는 어디든지 갑니다.

"그리고 수돗물은 파이프를 통해서 흘러. 하나님의 능력은 마음에서 마음으로 흘러. 우리 마음이 하나님의 마음과 연결될 때 우리에게 하나님의 역사가 일어나."

하나님은 우리와 교류하기 위해 마음을 만드셨습니다. 우리 마음이 하나님의 마음과 하나가 되면 서로 마음이 흐르고, 마음이 흐르면 하나님의 능력이 우리에게로 흘러들어옵니다. 전선으로는 보통 구리를 사용합니다. 전선이 모자라다고 나일론 끈을 이어서는 전기가 흐르지 않습니다. 그것처럼 하나님과 우리 마음이 흐르지 않는 상태에서는 하나님의 능력이 우리에게 흘러오지 않습니다.

"수현아, 예수님께서 병든 자들을 다 고치시지? 예수님은 네 병도 고치길 원하셔. 네 마음이 예수님의 그 마음과 하나가 되면 마음이 서로 흐르고 예수님의 능력이 너에게 흘러들어와."

우리가 신앙생활을 하면서 가장 행복한 것은 하나님과 우리 마음이 하나가 되는 것입니다. 우리 마음이 하나님의 마음과 하나가 되면 우리가 무슨 일을 하든지 하나님이 도우십니다. 사람은 병을 이길 힘을 가지고 있지 않지만 하나님은 병을 이길 힘을 가지고 계십니다. 그렇기 때문에 하나님과 우리 마음이 하나가 되면 하나님의 능력이 우리에게 흘러들어와서 병이 낫는 역사를 비롯해 신기하고 놀라운 역사들이 일어납니다.

그 여학생은 척수염으로 신경들이 점점 죽어갔습니다. 의사는 치료가 불가능하니 침대에 누워서 지내다가 죽을 거라고 했습니다. 그 학생이 저를 찾아와서 안수기도를 받고 싶었지만 구미에서 서울까지 갔다 오려면 소변이 문제였습니다. 그 시간 동안 소변을 보지 않으면 몸에 문제가 생기는데, 오가는 길에 기계로 소변을 뽑아낼 수 없었기 때문입니다. 저를 만나러 서울로 가고는 싶지만 갈 수 없으니까 그 여학생이 다니는 기쁜소식구미교회의 성도들이 "하나님, 박옥수 목사님을 우리 교회로 보내 주십시오."라고 기도했습니다.

사실, 전날 밤에 우리가 울산에서 집회를 마치고 대구에서 자고 가려고 했습니다. 그런데 차에 탄 사람들이 함께 이야기하며 가다가 차가 대구를 지나쳐버렸습니다. 고속도로라 차를 돌릴 수 없어서 대구 다음에 있는 구미로 갔던 것입니다. 그리고 저는 새벽 모임 전에 교회에서 나와 서울로 가려고 이른 새벽에 일어났습니다. 그런데 나가려고 방문을 여니까 누가 서서 기다리고 있었습니다. 기쁜소식구미교회의 목사님이었습니다. 제가 새벽 모임 전에 갈까봐 지키고 서 있었던 것입니다.

"목사님, 새벽 모임 때 말씀을 전해주고 가세요."

그렇게 해서 말씀을 전한 뒤 그 여학생을 만났습니다.

"수현아, 내 이야기 잘 들어봐. 나는 성경을 많이 읽었어. 성경에서 예수님은 병든 자를 한 번도 외면하지 않고 다 고치셨어. 예수님은 너도 고치길 원하셔. 그런데 예수님이 너에게 일하시려면 네 마음이 예수님의 마음과 한 마음이 되어야 해. 예수님과 한 마음이 되려면 다른 것을 해야 하는 것이 아니라, 성경에서 예수님이 어떤 병자든지 나아오면 고쳐 주셨으니까 너도 '예수님이 내 병도 고치길 원하셔.' 하는 거야.

예수님은 너를 고치기 원하는 마음을 가지고 계시는데, 너는 '나는 병이 낫지 않을 거야.'라는 마음을 가지면 예수님의 마음과 네 마음이 달라. 그러면 예수님이 너에게 일하실 수 없어. 예수님의 능력이 너에게 흘러들어 올 수 없어. 반대로 '우리 눈에 보이지는 않지만 이곳에도 예수님이 계셔. 그 예수님이 내게 일하시면 내 병을 얼마든지 고치실 수 있어. 세상에 계실 때 병든 자를 한 번도 외면하시지 않았던 예수님이 나도 외면하시지 않고 고치길 원하셔.'라는 마음을 가지면 예수님과 네 마음이 한 마음이 돼. 예수님은 너를 고치길 원하시고, 너는 예수님이 너를 고치기 원하신다고 믿고. 한 마음이 되면 그때부터 예수님이 네 안에서 일하시기 시작해. 그러면 척수염 그거 아무것도 아냐."

수현이에게 자세히 설명해 주고 "빨리 일어나거라." 하고는 서울로 올라왔습니다.

3개월이 조금 지난 어느 날, 편지가 왔습니다. 최수현이 보낸 편지였습니다.

"박옥수 목사님 안녕하세요? 저는 구미 최수현 학생이에요. 너무 감사한 마음을 목사님께도 전하고 싶어 몇 자 적어 보내요. 구미에 오셔서 새벽 말씀도 전해주시고, 제게 안수기도도 해주셨잖아요? 반드시 걸을 거라는 목사님의 말씀을 잊을 수가 없어요. 병원에선 평생 걷지 못할 거라고 했는데, 목사님 마음 안에 있는 믿음을 제게 전해주신 걸 받은 것밖에 없는데, 지금은 붙잡지 않고도 걷고 이렇게 글씨도 쓸 수 있게 되었어요. 저는 한 것이 아무것도 없어요. 제가 걷고 싶어서 걸으려고 해도 넘어지기만 했는데, 목사님의 말씀을 그대로 받은 거밖에 없고 기도하고 믿은 거밖에 없거든요.

누가 만지고 꼬집어도 모르던 감각들이 거의 살아났어요! 대소변 마려운 것도 느끼고요. 힘도 많이 세져서 이젠 글씨도 쓰고, 무릎도 들고, 엄청 신기해요. 목사님께서 제가 걷는 걸 보면 너무 기뻐하실 거 같아요. 다음에 꼭 보여 드릴게요!"

한 달쯤 지나 그 여학생이 작은 선물을 사서 부모님과 함께 저를 찾아왔습니다. 제가 그 학생의 손을 잡고 제 사무실을 한 바퀴 돌았습니다. 다리가 완전히 나았습니다. 그 뒤에도 여러 병이 생겼지만, 그때마다 하나님이 그 학생을 고치시고 도우시는 것을 볼 수 있었습니다.

전갈의 독이 온 몸에 퍼져 살 수 없었던 학생

청소년 단체인 IYF에서 대학생 해외봉사단원들을 모집해 해마다 수백 명을 100개 가까운 나라에 파견해서 그들이 1년 동안 봉사하고 돌아오는 프로그램이 있습니다. 대부분 가난한 나라로 가기 때문에 한국처럼 좋은 침대도 없고 차도 없고 음식도 없습니다. 고생을 많이 합니다. 그런데 학생들이 해외봉사를 다녀와서는 정말 행복해합니다. 가장 중요한 것은 그들이 예수님을 경험하는 것입니다.

한번은 제가 집에 있는데, 아프리카 라이베리아에서 전화가 왔습니다. 그곳 선교사님이 울면서, 봉사하러 온 학생이 전갈에 쏘여 죽어가고 있다고 했습니다.

"목사님, 최요한이 죽어가고 있어요!"

최요한 학생이 잠을 자는데, 밤중에 누가 바늘로 자기 발을 확 찌르는 것 같은 통증을 느꼈습니다. '악!' 하고 잠이 깨서 주위를 둘러보니 아무것도 없었습니다. 몸이 많이 피곤했기에 그냥 다시 누워서 잠을 잤습니다. 다음날 아침이 되어 그 학생이 동료 단원들에게 말했습니다.

"어젯밤에 자는데 누가 내 발을 바늘 같은 것으로 찔렀어."

"그거 전갈 아냐?"

"야, 우리 방에 무슨 전갈이 있어?"

그렇게 지내다가 오후 다섯 시경에 구역질이 나서 화장실에 갔다가 쓰러지고 말았습니다. 대소변을 태설하고 심장이 멎어 갔습니다.

맥이 뛰지 않았습니다. 선교사님이 그의 얼굴을 때리면서 "요한아! 정신 차려!"라고 소리쳤지만 깨어나지 않았습니다. 급히 병원으로 데려갔는데 의사가 살 길이 없다고 했습니다.

"이 청년은 전갈에게 쏘였어요. 전갈에게 쏘이면 병원에 바로 와도 위험한데, 이 학생의 경우는 시간이 많이 흘러 전갈의 독이 온 몸에 퍼졌어요. 살 수 있는 길이 없어요. 그냥 데리고 가세요."

도와 달라고 애원했지만 병원에서 쫓겨나고 말았습니다. 다른 병원에 찾아갔는데 똑같이 말했습니다.

"전갈에 쏘인 사람을 왜 이제 데려왔어요? 심장에까지 독이 퍼져서 곧 심장이 멎을 거예요."

다른 병원에 찾아갔지만 그 병원에서도 안 된다고 했습니다. 제발 도와 달라고 간청해서 병실에 있게는 해주었습니다. 하지만 얼마 안 되어 그 학생의 숨이 멎었습니다. 의사가 심폐소생술을 하여 다시 심장이 뛰었습니다. 문제는 혈압이 계속해서 떨어져 심장이 언제 다시 멈출지 몰랐습니다. 다급한 상황에서 그곳 선교사님이 저에게 전화를 했습니다.

"목사님, 최요한이 죽어가고 있어요. 앞으로 두 시간밖에 못 산대요. 엉엉."

"이 사람아, 울지 말고 찬찬히 이야기해 봐. 무엇 때문에 어떻게 된 거야?"

선교사님이 저에게 상황을 이야기해 주었습니다. 최요한이 전갈에 쏘였고, 그 사실을 모르고 지내다가 쓰러진 후에야 병원에 데려가서 살 길이 없으며, 심장이 멎고 있다고 했습니다.

여호와를 앙망해 새 힘이 들어오면 이길 수 있어!

서울에서 라이베리아까지는 비행기로 열여덟 시간 정도 걸립니다. 두 시간이면 죽는다고 하니 약을 보낼 수도 없고 의사를 보낼 수도 없었습니다. 제가 이야기했습니다.

"지금 내가 요한이하고 통화할 수 있는가?"

"예."

선교사님이 요한이에게 전화기를 건넸습니다.

"요한아, 박 목사님이야. 전화 받아봐."

제가 최요한 학생에게 이야기했습니다.

"요한아, 내 목소리 들려?"

"예... 목사님..."

"너는 아프리카산 전갈에 쏘여서 지금 죽어가고 있대. 그런데 요한아, 내 이야기를 들어봐. 나는 오늘 아침에 이사야 40장 31절을 읽었어. 거기 뭐라고 되어 있는지 알아? '오직 여호와를 앙망하는 자는 새 힘을 얻는다'고 되어 있어.

요한아, 성경은 36권 모두 하나님의 말씀이야. 거짓말이 하나도 없어. 하나님은 절대로 거짓말하시지 않아. 그 성경이 뭐라고 말하느냐면, 여호와를 앙망하면 새 힘을 얻는다고 했어!

요한아, 네가 전갈의 독을 이기려면 힘이 필요해. 네가 여호와를 앙망해서 새 힘이 너에게 들어오면 네가 전갈의 독을 이길 수 있어!

요한아, 네가 전갈의 독을 이기기 위해서 하나님을 앙망해. 하나님을 바라봐. 하나님은 결코 거짓말하시지 않아. 여호와를 앙망하면 새 힘을 준다고 하셨으니까 네가 하나님을 앙망하면 하나님이 새 힘을 주셔! 하나님이 주시는 새 힘이 너에게 들어오면 전갈의 독 그거 아무것도 아냐! 이길 수 있어!"

제가 15분 정도 전화로 설명했습니다. 성경은 우리가 하나님을 앙망하면 하나님이 새 힘을 주신다고 했습니다. 그렇다면 요한이가 하나님을 앙망하면 하나님은 약속대로 분명히 새 힘을 주십니다. 만일 하나님이 새 힘을 주시면 전갈의 독이 무슨 문제가 되겠습니까?

"요한아, 하나님을 앙망해."

"예, 목사님…."

"그래, 전화 끊는다. 빨리 일어나."

"예, 목사님…."

저는 하나님께서 당신이 말씀하신 대로 일하시는 것을 정말 많이 보았습니다. 하나님과 우리 마음이 하나가 되기만 하면 하나님은 반드시 일하셨습니다. 하나님은 성경에서 '여호와를 앙망하면 새 힘을 준다'고 하셨습니다. 하나님이 우리에게 새 힘을 주길 원하시는 것입니다. 그런데 하나님을 앙망하는 자에게 주겠다고 하셨습니다. 돈을 내야 주는 것이 아니고 착한 일을 해야 주는 것이 아니라 하나님을 앙망하는 것입니다. 요한이가 누워서 아무것도 할 수 없었지만 하나님을 앙망할 수는 있었습니다.

제가 요한이와 통화한 뒤 요한이 부모님과 미국 댈러스 교회에 전화를 했습니다. 요한이가 전갈에 쏘여서 죽어가고 있으니 기도하라고 했습니다. 교회 성도들이 모여서 요한이를 위해서 함께 기도했습니다.

최요한이 제 이야기를 듣기 전에는 '이제 내가 죽는구나! 몸이 너무 괴로워서 차라리 빨리 죽으면 좋겠다.'는 마음이 들었답니다. 그런데 라이베리아로 봉사를 오기 전에 귀국 댈러스 공항에서 아버지가 자기를 따뜻하게 안아주었던 기억이 떠오르면서 '마지막으로 아버지의 품에 한 번만 더 안기고 죽으면 좋겠다.'는 마음이 들었답니다. 그런데 저와 통화한 뒤 하나님을 앙망하면 살겠다는 마음이 들어서 하나님을 앙망했다고 합니다.

그러다가 잠이 들었습니다. 새벽녘에 병실들을 돌아보던 간호사가 '그 청년, 지금쯤 죽었겠지.' 하고 최요한의 병실에 들어갔다가 깜짝 놀랐습니다. 혈압 상태를 나타내는 기계에 혈압이 점점 올라가고 있었습니다. 간호사가 의사에게 달려가며 소리쳤습니다.

"선생님, 여기 기적이 일어났어요! 이 환자 혈압이 올라가고 있어요!"

의사가 뛰어와서 보고는 깜짝 놀랐습니다. 혈압이 20mmHg까지 떨어지고 체온이 17도까지 떨어졌었는데, 정상 혈압으로 올라가고 있었습니다.

"간호사! 이 환자에게 무슨 일을 했어?"

"전 아무것도 하지 않았어요."

"그런데 어떻게 이런 일이 일어나지?"

이튿날 아침에 최요한이 일어났습니다. 옆에 있던 봉사단원 동료들이 물었습니다.

"형, 괜찮아?"

"어, 괜찮아. 왜?"

"형, 전갈에게 쏘여서 어제 죽었다가 살아났어!"

전갈에 쏘인 다리 부분은 이미 썩었지만, 그 상처도 한 달 뒤에 다 치료되어 건강해졌습니다. 그 후 결혼해서 지금은 두 아이의 아빠가 되어 LA에서 IYF를 위해서 일하고 있습니다.

하나님과 마음을 같이하면 감사한 일들이 많아져

우리는 형편을 보지 말고 하나님의 말씀을 믿어야 합니다. 하나님의 말씀을 믿으면 하나님이 반드시 그 약속을 이루십니다. 우리 마음이 하나님의 마음과 하나가 될 때 어떤 일을 하든지, 어떤 일을 만나든지 하나님이 역사하십니다.

저는 1962년에 구원받고 50년이 넘게 복음을 위해 살면서 상상할 수 없는 기적적인 일들을 많이 경험했습니다. 청소년들을 위해 만든 IYF도 전 세계에서 놀랍게 일하고 있고, 그라시아스합창단도 세계 최고의 합창단이 되었습니다. 마인드교육도 여러 나라 정부에서 자국 학생들에게 마인드교육을 가르치려고 우리와 손잡고 일하고 있습니다. 개인적으로 가정 문제나 자녀 문제나 노후 문제나, 다 주님의 일이 되어서 주님이 복되게 인도해 주십니다.

저는 하나님을 믿습니다. 하나님의 말씀을 믿습니다. 저에게 크고 작은 어려움들이 있을 때마다 하나님은 항상 저를 도와주셨습니다. 그것은 하나님의 약속이기 때문입니다. 하나님은 절대로 거짓말하시지 않습니다. 으리 선교회는 처음에는 작은 교회로 시작했습니다. 복음을 전하면서 우리를 대적하는 사람들도 많았습니다. 그런데 지금은 우리가 전 세계에 다니면서 복음을 전하고 있습니다. 얼마나 감사한지 모릅니다. 우리는 이방인의 충만한 수가 들어올 때까지 복음을 전할 것이고, 그 일을 하는 동안 하나님이 우리 속에 살아 일하실 줄을 확실히 믿습니다.

우리 마음이 하나님의 마음과 하나가 되면 그때부터 하나님이 우리에게 일을 시작하십니다. 병이 있으면 그 문제가 우리 문제가 아니라 하나님의 문제가 됩니다. 죄가 있어도 우리 문제가 아니라 하나님의 문제가 됩니다. 어떤 문제가 있어도 하나님의 문제가 됩니다. 그렇게 되면 모든 것이 하나님에 의해서 아름답게 이루어집니다. 그래서 하나님과 마음을 함께하고 살면 얼마나 감사한 일이 많은지 모릅니다.

어느 나라에서건 목회자들의 마음이 하나님과 연결되어 있지 않아서, 수많은 사람들이 죄에 빠져 고통 속에서 살고 있지만 그들이 죄에서 벗어나는 역사가 일어나지 않습니다. 하나님과 마음이 연결되어 있지 않아서 하나님이 일하실 수 없기 때문입니다. 우리가 죄를 사함받고 하나님과 마음을 같이하면, 어떤 어려운 일을 당하든지 그것은 우리 일이 아니라 예수님의 일이 됩니다. 그래서 결국에는 정말 복되게 됩니다.

구원받은 우리는 더 이상 자신의 생각을 따라 사는 것이 아니라 하나님의 이끌림을 받아 삽니다.

7장
내가 지킬 것인가, 주님이 지키실 것인가?

내가 지킬 것인가,
주님이 지키실 것인가?

내가 볼 때 가능한 것만 믿지 마십시오

신앙생활을 하는 사람은 두 부류로 나뉩니다. 한 부류는 마음이 하나님의 말씀 쪽으로 기울어진 사람이고, 한 부류는 자기 생각을 따라서 사는 사람입니다. 우리는 내 마음을 보아야 하는 것이 아니라 하나님의 마음을 보아야 합니다. 성경을 읽으면서 하나님의 마음을 더듬어 보면 하나님의 마음이 서서히 보이기 시작합니다. 그 마음과 우리 마음이 하나가 되면 그때부터 하나님이 우리 속에서 살아 일하십니다. 말씀을 그대로 받아들이면 하나님이 우리를 통해서 무슨 일이든지 하실 수 있습니다.

우리는 대부분 자신의 경험이나 지식이나 방법을 믿고 살았습니다. 이제 우리가 진정으로 믿어야 할 것은 하나님의 말씀입니다. 우리가 볼 때에는 하나님의 말씀이 말이 안 되는 이야기 같습니다. "전갈에 쏘여서 죽어가는 최요한이 하나님을 앙망하면 살아난다고? 전갈의 독이 온 몸에 퍼져서 멎은 심장을 심폐소생술로 겨우 뛰게 해놓았고 독이 몸으로 계속 더 퍼져가고 있는데 어떻게 살아? 말도 안 돼!" 사람은 이렇게 말합니다. 그러나 하나님은 인간이 하지 못하는 일을 하십니다.

하나님은 CLF에서 구원받은 목회자들을 통해서 그 목회자들이 사는 나라의 사람들을 구원하시고 온 세상 사람들을 구원하실 것입니다. 그렇기 때문에 여러분이 볼 때 가능한 것만 믿지 마십시오. 하나님은 전능하시기 때문에 어떤 불가능한 일이라도 얼마든지 이루실 수 있습니다.

사울과 다윗은 기름부음을 받았지만 삶은 달랐다

똑같이 구원받은 사람이라도 자신을 의지하고 사는 사람과 하나님의 말씀과 예수님을 의지하고 사는 사람의 차이는 말할 수 없이 큽니다. 구약 성경에 나오는 사울과 다윗이 그러한 사실을 보여 줍니다. 사울과 다윗은 똑같이 하나님께로부터 기름부음을 받았지만, 그 삶은 너무 달랐습니다.

다윗은 그 마음에 늘 하나님이 계셨기 때문에 무슨 일을 당하든지 하나님이 자기를 보호해 주실 것을 믿는 믿음이 있었습니다. 그래서 양을 먹일 때에나 골리앗 앞에 설 때에나 사울 앞에서 수금을 탈 때에나 다윗은 주님 안에서 쉼을 누렸습니다. 여호와를 찬송하는 많은 시편의 노래들을 지으면서 그 마음이 하나님께 대한 감사로 가득 차 있었습니다.

반대로 사울은 기름부음을 받았음에도 불구하고 늘 두려워하며 마음에 쉼이 없었습니다. 그는 왕궁에 거하면서도 자기를 해하는 사람이 있을까봐 손에서 창을 놓지 못했습니다. 왕이기 때문에 자기를 지키는 호위병들도 있었을 텐데, 그는 창을 놓지 못하고 불안해했습니다. 그리고 스스로 왕위를 지키기 위해 다윗을 죽이려고 일평생 다윗을 쫓아다니다가 비참하게 생애를 마쳤습니다.

사울이 이스라엘을 다스렸을 때에는 블레셋에게 패하고 백성들은 늘 탈취를 당했습니다. 같은 나라를 다윗이 다스렸을 때에는 블레셋뿐 아니라 주위의 많은 나라들을 다 이기고 다스렸습니다. 이러한 이야기들은, 우리가 신앙생활을 할 때 자신으로 말미암아 사는 것과 예수님을 믿고 사는 것의 차이를 보여 줍니다.

구원받은 사람은 예수님의 보혈로 우리 죄가 씻어진 사실을 믿을 뿐 아니라, 예수님이 우리와 언제나 함께하시며 우리를 지키고 도우신다는 사실을 믿어야 합니다. 예수님이 역사하시는 것을 보고 믿으려고 하지 말고, 주님이 나를 사랑하여 구원하셨으니 내가 무슨 문제를 만나든지 해결하신다는 사실을 믿어야 합니다.

다윗과 사울, 두 사람 가운데 사울은 결국 저주를 받았고 다윗은 허물도 있었지만 큰 복을 받았습니다. 다윗은 하나님을 믿었습니다. 우리에게 돈이 있으면 그 돈을 쓰려고 하고, 차가 있으면 어디를 갈 때 차를 타고 가려고 하듯이, 우리 마음에 예수님이 계시면 어떤 문제를 만날 때 예수님이 그 문제를 해결해 주시길 바랄 것입니다. 그것이 믿음입니다. 우리가 그 믿음으로 나아갈 때 하나님이 우리 속에 능력으로 일하십니다.

여기 남아서 종교를 지속할 수 있도록 해라
저는 구원받은 뒤 하나님이 제 삶에 역사하시는 것을 수도 없이 보았습니다. 그 일들을 일일이 말하기 어려울 정도로 하나님은 저와 함께 하시며 일하셨습니다.

저는 1965년에 군에 입대해서 1968년에 제대했습니다. 훈련소에서 기초 훈련을 마친 뒤 원주에 있는 통신훈련소에서 16주 동안 통신병 교육을 받았고, 교육을 마치고는 그 부대 고시과에서 근무했습니다.

제가 원주 통신훈련소에 교육생으로 갔을 때 그곳에는 예배당도 없고 군목도 없었습니다. 첫 주는 정신없이 시간을 보내고 둘째 주에 여유가 생기면서 기도하고 싶은 마음, 성경을 읽고 싶은 마음, 예배를 드리고 싶은 마음이 간절히 일어났습니다. 피교육생인 제가 예배를 인도하려고 하니까 어려운 일이 한두 가지가 아니었습니다. 주번사령, 주번사관, 주번하사, 내무반장의 허락을 다 받은 뒤, 내무반마다 다니면서 교육생들에게 '예배 드릴 사람은 나오라'고 해서 100여 명이 모였습니다. 예배를 드릴 장소가 없어서 겨울에 산골짜기에서 떨며 예배를 드렸습니다. 백 명, 이백 명, 삼백 명…. 시간이 흐를수록 많은 교육생들이 예배에 참석했습니다. 그들에게 죄 사함의 복음을 전했습니다.

어느 날 아침, "ROC 311기 박옥수, 교수 본부로 오라."는 방송이 들렸습니다. 교수 본부로 가자 중위인 교육장교가 정중하게 "박 이병, 여기 앉으세요."라고 했습니다. 군대에서 이등병이 받을 수 있는 대접이 아니었습니다.

"박 이병, 군에 오기 전에 사회에서 무슨 일을 했나요?"

"전도사 생활을 했습니다."

"역시 그렇군요! 나도 군에 오기 전에는 열심히 믿었습니다. 그런데 군에 와서 신앙을 다 팔아먹고 안 믿는 사람과 똑같이 되었습니다. 이렇게 생활하는 것이 마음이 너무 아픈데, 어제 찬송 소리가 들려서 산골짜기로 가보니 박 이병이 교육생들을 모아 놓고 예배를 인도하고 있더군요. '피교육생이 저렇게 하나님의 일을 하는데 장교인 나는 무얼 하고 있나?' 하고 밤새 괴로워했습니다. 박 이병, 나도 박 이병이 하는 일을 돕고 싶은데 내가 도울 만한 일이 없는지요?"

"예, 교육장교님. 예배 드릴 장소가 없는데 교실을 하나 빌려주시면 좋겠습니다."

"그런 것이라면 가능합니다."

교육장교는 옆에 있던 병장에게 바로 지시해서 교실을 하나 쓸 수 있게 해주었습니다. 그렇게 예배 드릴 장소를 얻었고, 교육장교와 개인적으로도 가까워졌습니다. 그분은 종종 "박 이병, 나를 위하여 기도해 주세요. 그리고 시간이 나면 성경 말씀도 들려주고요."라고 부탁했습니다.

어느 주일, 예배 장소로 사용하던 교실에서 교육생들을 모아 놓고 설교를 하고 있는데, 뒷문이 열리더니 통신훈련소 소장님이 나타나셨습니다. 깜짝 놀라서 주춤하니까 소장님이 "종교를 계속해라." 하셨습니다. 소장님 앞에서 설교하려니까 떨려서 대충 하고 마치니까 소장님이 자리에서 일어나 이야기를 하셨습니다.

"너희들이 언제부터 이 종교를 했는지 모르지만 누구도 나에게 이 일을 보고한 적이 없다. 내가 6.25전쟁 때, 병사들이 무엇이든지 의지하면 더 용감해지는 것을 보면서 종교의 힘이 크다는 것을 확인했다. 이 부대에 와서 보니까 교회가 없어서 너무 안타까웠는데, 정말 좋다. 우리 같이 예배당을 짓자!"

소장님하고 저하고 예배당을 지었습니다. 공사를 하면서 소장님과 많이 가까워졌습니다. 당시 월남전이 치열한 때여서 저도 월남에 갈 병사로 차출되어 소장님께 신고하러 갔을 때, 소장님이 행정장교에게 "얘는 빼라. 야는 여기서 종교를 계속할 수 있도록 해라." 하며 제가 부대에 남아 계속 복음을 전할 수 있게 해주셨습니다.

통신훈련소에서 복무하는 동안 매주 토요일이면 교육을 마친 병사들이 나가고 교육을 받을 신병들이 들어왔습니다. 그 많은 교육생들에게 3년 동안 복음을 전할 수 있었습니다.

하나님은 군대에서 저에게 필요한 크고 작은 것들을 다 채워 주셨습니다. 제가 입대할 때 500원권 지폐 한 장과 30원을 가지고 갔습니다. 지폐는 꼭 필요할 때 쓰려고 포켓 성경 뒤쪽에 넣고 주위를 풀로 붙여서 보이지 않게 간직했는데, 어느 날 동료가 작업복을 잃어버렸다고 걱정해서 작업복을 사라고 그 500원을 주었습니다. 30원은 얼마 안 되어 다 썼습니다. 제가 군생활을 할 때에는 같은 내무반 사람들이 토요일마다 돈을 거둬서 회식을 했습니다. 저는 거기 낼 돈이 없었습니다. 그래서 내무반 사람들에게 이렇게 말했습니다.

"저는 돈이 없어서 회식비를 낼 수 없습니다. 대신 매달 나오는 월급과 담배를 받지 않을 테니 제 월급과 담배를 마음대로 사용하고 저에게는 돈을 달라고 하지 마십시오."

월급을 받은 적이 없으니까 3년 동안 돈 한푼 없었는데, 하나님이 그런 저를 도우시는 것이 너무나 신기했습니다.

제가 상병이었을 때 한번은 편지를 썼는데 우표가 없어서 하나님께 기도했습니다. 저는 통신훈련소의 고시과에서 일했는데, 그날 많은 교육생들 가운데 한 교육생이 저에게 다가와 말했습니다.

"박 상병님, 담배 한 대 피우십시오."

"나, 담배 안 피워."

"내가 피우는 걸 봤는데 왜 그러십니까?"

그러더니 담배 한 갑을 제 주머니에 넣어 주고는 교육생들 틈으로 사라졌습니다. 그 교육생이 누구인지 자세히 볼 새도 없었습니다. 담배를 꺼내서 보니, 당시 고급 담배였던 '파고다'였습니다. '웃기는 녀석 다 있네. 내가 담배 피우는 것을 보았다고?' 그렇게 생각하다가 근처에 피엑스가 있어서 들어가 그곳에서 근무하는 일등병에게 물었습니다.

"야, 이 담배 다른 걸로 바꿀 수 있냐?"

"예, 바꿀 수 있습니다."

"그럼 우표로 바꿔 줄래?"

파고다 한 갑에 35원이고 우표 한 장에 7원이어서 우표를 다섯 장이나 받았습니다. 우표를 들고 피엑스를 나오면서 편지를 부칠 수 있게 해주신 하나님 앞에 너무 감사했습니다.

제대를 앞두고는 보급 받은 총이나 군복 등을 반납해야 했는데, 주로 교회에서 생활하다가 내무반에 가서 보니 총을 제외하고는 보급품들이 거의 사라지고 없었습니다. 제가 고참이기 때문에 졸병들을 야단치면 금방 채워 놓지만 그렇게 하고 싶지 않았습니다. 밤에 예배당에서 혼자 지내며 기도했습니다.

제가 복무했던 통신훈련소는 제법 큰 부대인데도 군목이 없어서 군종병이었던 제가 교회 일을 다 하다가, 제대하기 한 달 전에 일군사령부에서 군목을 보냈습니다. 제가 제대하기까지 그분과 한 달 가까이 지냈습니다. 군목님은 일과를 마치면 퇴근해서 집으로 가고, 저 혼자 예배당에 남아 시간을 보냈습니다. 하루는 군목님이 저에게 관물을 반납했느냐고 물었습니다. 충청도 분인 군목님은 아주 지독한 충청도 사투리를 썼습니다.

"박 병장, 관물 반납했시유?"

"예, 목사님. 다 반납했습니다."

반납했다는 대답을 듣고도 군목님은 주머니에 손을 넣더니 2,500원을 꺼내서 저에게 주었습니다. 당시 군인에게는 제법 큰돈이었습니다.

"목사님, 괜찮습니다."

"받으라니까유."

"아니, 괜찮습니다."

"아니, 받으라니까유."

"그럼 감사히 받겠습니다."

그 돈을 중대에서 보급을 담당하고 있던 후임 병사에게 주며 "이게 내가 가진 돈 전부다. 이 돈으로 네가 알아서 해라." 하니까 그가 다 처리해 주었습니다. 그렇게 관물을 반납하고 제대 날짜가 되어 부대 정문을 걸어 나오는데, 군대에서 지낸 지난 3년 동안 저를 지키신 하나님이 너무 감사했습니다. '이런 하나님이 나와 함께 계시면 내가 사하라사막에서도 살고, 남극에서도 얼마든지 살겠다.'는 마음이 들었습니다.

이 돈으로 집을 얻어 함께 지내면 어떻겠습니까?

제대한 후 김천에서 복음을 전하며 지내려고 마음을 정했는데, 거할 집을 마련하는 것이 큰 문제였습니다. 그 전에 어느 선교사님이 서울에서 전도 집회를 하면서 '근처에 아이들이 많이 놀고 있으니 와서 아이들을 가르쳐 달라'고 하여 도와드리자, 선교사님이 수고했다며 3,500원을 주셨습니다. 큰돈이라고 생각하고 김천으로 가서 방을 얻으려고 했는데, 7만 원을 달라고 했습니다. 군대에서 3년을 지내고 제대한 지 얼마 되지 않아 세상 물정에 어두웠습니다.

군대에 가기 전에 처음으로 복음을 전했던 압곡동이라는 산골 마을에서 지내면서 시간이 날 때마다 김천에 가서 건물들을 둘러보았습니다.

'하나님, 저기에는 다방이 있고, 저기에는 양품점이 있네요. 저기에는 미장원이 있고요. 하나님, 세상의 신도 자기 사람들에게 저렇게 건물을 주는데 하나님의 아들인 제가 복음을 전하려고 하는데 왜 건물을 주시지 않습니까? 건물을 주십시오.'

그렇게 하고는 압곡동으로 돌아왔습니다. 가진 돈은 없지만 하나님이 내가 거할 건물을 주실 줄 믿고 자주 김천에 가서 건물을 얻으려고 돌아다녔습니다.

하루는 김천에서 건물들을 둘러본 뒤 압곡동으로 가기 위해 거창으로 가는 버스를 탔습니다. 그 버스 안에서 외국인을 만났습니다.

"당신은 어디에서 왔습니까?"

"영국에서 왔습니다."

"무얼 하는 분입니까?"

"선교사입니다."

"지금은 어딜 가고 있는 중입니까?"

"여행하고 있습니다."

"아, 전도 여행을 하고 있습니까?"

"아니오. 그냥 여행하고 있습니다."

그분이 하는 이야기를 듣고 화가 났습니다. '아니, 무슨 선교사가 복음을 전하지 않고 여행이나 다녀?' 그래서 고함을 쳤습니다.

"당신처럼 썩어빠진 선교사는 한국에 필요 없으니 당장 영국으로 돌아가세요! 당신 같은 선교사가 있으면 한국이 더러워져요!"

그분은 진짜 영국 신사였습니다. 제가 하는 말을 아무 대꾸 없이 잠잠히 들었습니다. 그렇게 하는 사이에 버스가 목적지인 거창에 도착했습니다. 그분과 헤어진 뒤 압곡동으로 가는 버스를 기다리고 있는데, 그분이 저에게 다가왔습니다.

"미스터 박, 나 오늘 당신 집에 가서 하룻밤 자도 됩니까?"

그렇게 하시라고 했습니다. 그 선교사님과 함께 산골 마을 압곡동으로 갔습니다. 그 동네에는 수도도 없고 우물도 없어서 사람들이 냇물을 먹고 살았습니다. 우리는 냇물을 먹고 지내도 아무렇지 않은데, 선교사님은 냇물을 한 번 먹고는 배탈이 나서 계속 설사를 했습니다. 밤새도록 변소에 왔다갔다하는데 너무 미안했습니다. 몸 상태가 안 좋아 움직이기 힘들어서 돌아갈 수도 없었습니다. 나흘 동안 누워 있으면서 몸이 좀 회복되자 떠날 수 있었습니다.

"미스터 박, 나 이제 갑니다."

"예, 잘 가십시오. 어려움을 겪게 해서 정말 미안합니다."

"괜찮아요. 그런데 내가 하고 싶은 이야기가 있습니다."

"무슨 이야기인데요?"

"내가 당신하고 1년만 같이 살고 싶습니다."

"예? 아니 무슨 이유로 저하고 살려고 하십니까?"

"나는 지금까지 당신처럼 사는 사람을 본 적이 없습니다. 당신 삶을 배우고 싶습니다."

선교사님이 그렇게 말하니까 웃음이 나왔습니다.

"아니, 우리처럼 사는 삶에서 배울 게 뭐가 있습니까?"

"아닙니다. 나는 정말 당신하고 1년만 같이 살고 싶습니다. 같이 살게 해주십시오."

선교사님이 진지하게 이야기하기에 제가 이렇게 말했습니다.

"당신은 영국에서 선교비가 오지 않습니까?"

"그렇습니다."

"그런데 나를 도와주는 사람은 아무도 없습니다. 나는 매일 하나님을 바라보면서 삽니다. 양식이 없어서 굶을 때도 있습니다. 우리가 같이 지내는데, 당신은 돈이 있어서 빵을 먹고 나는 굶으면 당신이 어떻게 하겠습니까? 나에게 빵을 나누어줄 것 아닙니까? 나는 당신이 주는 빵을 얻어먹고 싶지 않습니다. 어려워도 하나님께만 구하고 싶습니다."

"그렇겠지요."

"당신에게 돈이 있고 음식이 많더라도 며칠씩 굶는 나를 도와주지 않을 수 있습니까?"

"예, 할 수 있습니다."

"그럼 같이 지내도록 하지요. 우리는 앞으로 김천에 가서 일하려고 합니다. 그러니 당신도 김천에 거할 곳을 마련하십시오."

그렇게 이야기를 마치고 선교사님은 떠나갔습니다. 그분의 이름은 앤더슨이었습니다.

압곡동은 깊은 산속 마을로 아주 조용했습니다. 집안에 있으면 하루 종일 개 짖는 소리만 들렸습니다. 그때가 여름철이어서 저는 산 위로 올라가서 시간을 보냈습니다. 산 위에는 사람은 전혀 다니지 않고 가끔 사슴이 와서 쳐다보고는 갔습니다. 저는 속옷 하나만 입고 하루 종일 성경을 읽거나 찬송을 부르며 지냈습니다. 저 멀리에 길이 보이고, 이따금 버스가 지나가는 것이 보였습니다.

앤더슨 선교사님이 떠나고 열흘 정도 지났을 때입니다. 산에서 시간을 보내다 저녁때가 되어 내려가려고 하는데, 버스가 우리 동네 앞에 섰습니다. 압곡동에서 버스를 타고 다니는 사람은 없었기 때문에 버스가 설 일도 없었습니다. '누가 이 산골 동네를 방문했나?' 궁금해서 버스에서 누가 내리는지 쳐다보았습니다. 앤더슨 선교사님이었습니다. 선교사님은 마을로 올라오고 저는 산에서 내려갔습니다.

선교사님은 나를 보자 기쁜 얼굴로 "미스터 박, 내 얘기 좀 들어봐요." 하며 말을 쏟아냈습니다.

"내가 김천에 집을 얻으려고 준비를 했습니다. 먼저 집 얻을 돈을 위해 하나님께 기도했는데 하나님이 주셨습니다."

선교사님은 40만 원이라는, 당시에 김천에서 제일 좋은 집을 살 수 있는 큰돈을 내놓았습니다. 제가 눈을 동그랗게 뜨고 선교사님을 쳐다보고 있으니까 선교사님이 말했습니다.

"이 돈이면 큰 집을 구할 수 있으니까, 우리 집을 따로 구하지 말고 좋은 집을 얻어서 함께 지내면 어떻겠습니까?"

선교사님의 이야기를 듣고 생각해 보았습니다. '그렇게 하는 게 괜찮을까?' 하나님이 우리를 그렇게 도우셨다는 마음이 들었습니다. 저는 김천에서 일할 계획을 가지고 있었지만 어떻게 해야 할지 몰랐는데, 선교사님이 가져온 돈으로 김천에 좋은 집을 얻어서 복음을 전하며 지낼 수 있었습니다.

그 해, 아이들과 교인들 수천 명이 구원을 받았다

당시에 한국에 교회들이 많았지만 복음을 전하는 교회는 거의 없었기에 교회들마다 가서 복음을 전하고 싶었습니다. 어떻게 복음을 전할지 생각하다가 어린이들을 중심으로 복음을 전해야겠다고 생각했습니다. 여름마다 갖는 여름성경학교는 교회의 큰 행사로, 외부에서 강사를 초청해서 여름성경학교를 하는 교회가 많았습니다. 그 부분에 주목해 여름성경학교를 인도하면서 복음을 전해야겠다고 마음을 먹었습니다.

당시 우리나라에는 '승리의 생활'이라는 유일한 기독교 잡지가 있었는데, 주로 목회자들이 보는 잡지였습니다. 제가 아는 분이 그 잡지사의 총무로 있어서 그분을 만나러 잡지사가 있는 대전으로 찾아갔습니다. 제가 여름성경학교를 인도하면서 복음을 전하고 싶다는 뜻을 전하자 그분이 잡지에 광고를 내주겠다고 했습니다. 광고비를 하나도 받지 않고 '어린이 여름성경학교에 유능한 강사들을 보내줄 테니 필요한 교회에서는 신청하라'고 광고를 실어 주었습니다.

'승리의 생활'에 실린 광고를 보고 그 해에 스물다섯 개 교회에서 강사를 보내 달라고 했습니다. 아무것도 없이 복음을 전하고 싶어서 발걸음을 내디뎠는데 그렇게 길이 열리는 것을 보면서 꿈을 꾸는 것만 같았습니다.

대전에 가서 광고를 부탁하던 날, 잡지사에서 나오니 오후 두 시쯤 되었습니다. 김천까지는 백 킬로미터가 넘는데 주머니에 돈이 십 원도 없었습니다. 그냥 김천 쪽을 향해 걷기 시작했습니다. 대전 시내를 벗어나니까 여섯 시가 되었습니다. 시내버스를 타면 금방 갈 거리인데…. 대전 경계 지점에 검문소가 있고, 그 검문소에 있던 경찰이 걸어가는 저를 보고는 불렀습니다.

"어딜 갑니까?"

"김천에 갑니다."

"그런데 왜 걸어서 갑니까?"

"돈이 다 떨어졌습니다."

"아니, 김천까지 어떻게 걸어서 가려고 해요? 여기서 기다려 봐요. 지나가는 트럭을 잡아서 태워 줄게요."

그 도로가 1번 국도였기에 오가는 차들이 제법 있었습니다. 트럭이 지나갈 때마다 경찰이 잡아서 어떻게든 나를 태워 주려고 했지만, 운전수들이 다 사정을 이야기하면서 어렵다고 했습니다. 경찰이 '보통은 태워 주는데 오늘은 이상하다'고 했습니다. 트럭 다섯 대가 지나가고, 제가 그냥 걸어서 가겠다고 했습니다.

얼마나 걸었을까, 밤 10시쯤 되어 사방이 어두컴컴한데 동네가 나타났습니다. 밖에 나와서 놀고 있던 동네 청년들이 혼자서 걸어가고 있는 저를 보고 불렀습니다.

"이 밤에 혼자 어딜 갑니까?"

"김천에 갑니다."

"아니, 김천까지 걸어서 갑니까?"

"돈이 떨어져서 그럽니다."

사정이 딱하니 자고 가라고 했습니다. 청년들이 모여서 밤새 화투를 치며 노는 방의 한쪽에서 자라고 했습니다. 오랫동안 걸었더니 무척 피곤해서 금방 잠이 들었습니다.

아침에 일어나서 고맙다고 인사한 뒤 그 집을 나와서 보니 동네에 조그마한 기차역이 있었습니다. 아주 작은 역이어서 승객은 아무도 없고 역장으로 보이는 부인 혼자 역을 지키고 있었습니다. 역장님이 나를 보고는 말했습니다.

"기차 올 시간 다 됐어요. 표 사세요."

"돈이 없습니다."

"어딜 가는데요?"

"김천에 갑니다."

역장님이 김천까지 가는 기차표를 돈을 받지 않고 그냥 주었습니다. 너무 고마웠습니다. 기차를 타고 편하게 김천으로 가면서, 하나님이 나에게 기차표를 주셨다는 마음이 들었습니다. 나중에 그 역장님을 찾아가서 인사도 드리고 기차표 값도 드렸습니다.

스물다섯 개 교회에서 여름성경학교를 인도하려면 교사가 적어도 스무 명은 필요했습니다. 다시 '승리의 생활'에 교사를 모집한다는 광고를 내자 필요한 만큼 사람들이 지원했습니다. 우리가 지내던 곳은 그 많은 사람들이 지낼 만한 공간이 안 되어 하나님께 기도했는데, 어떤 분이 가정집을 무료로 빌려주어서 교사 지원자들이 그곳에서 잠을 자면서 훈련을 받을 수 있었습니다. 교사들을 한 달 동안 훈련한 뒤, 다섯 팀으로 나누어 팀 당 다섯 교회에 가서 여름성경학교를 인도하고 오라고 했습니다.

여름성경학교를 인도하기 위해 교사들이 팀별로 떠나는 날, 초청한 교회까지 갈 차비가 없었습니다. 알아서 가라고 했습니다. 손을 들어서 지나가던 트럭을 타고 가기도 하고, 이런저런 모양으로 모두 목적한 교회까지 갈 수 있었습니다.

저도 한 팀에 속해 다섯 개 교회에 가서 여름성경학교를 했습니다. 아이들에게 찬송을 가르치고 복음을 전했습니다. 아이들을 위한 모임이지만 저녁에는 온 교회 성도들이 모였습니다. 그래서 저녁에는 집회를 하며 복음을 전했습니다. 그 해에 수천 명의 아이들과 수백 명의 교인들이 구원을 받았습니다. 가난하고 가진 것은 없었지만 그렇게 사는 것이 너무 행복했습니다.

교사들이 여름성경학교를 인도하러 떠날 때에는 빈손으로 갔지만 돌아올 때에는 이것저것 잔뜩 들고 왔습니다. 교회들마다 고맙다고 사례비를 주어서 돈도 가지고 왔습니다. 하나님이 우리와 함께하며 일하시는 것을 보면서 우리는 정말 행복했습니다.

겨울이 되자, 여름성경학교 때 제가 전한 말씀을 듣고 교인들이 은혜를 입었다는 소식을 들은 여러 교회에서 저를 부흥회의 강사로 초청했습니다. 이십대 중반에 집회 강사로 가서 말씀을 전했습니다. 대부분의 교인들이 죄 사함을 받았습니다. 그렇게 사는 것이 말할 수 없이 행복했습니다. 가진 것도 없고 내세울 것도 없고 굶을 때도 많았지만, 한 사람이 복음을 듣고 죄에서 벗어나 거듭나는 일을 할 수 있다는 것이 한없이 감사했습니다.

하나님, 아이가 태어나면 내가 어떻게 해야 하지요?

저는 살면서 필요한 것을 누구에게도 이야기하지 않고 하나님께만 구했습니다. 부족한 것이 있어도 사람에게는 말하지 않고, 암시도 하지 않았습니다. 그러면 나에게 필요한 모든 것을 하나님이 공급해 주셨습니다. 그렇게 살면서 누구보다 주님과 가깝게 지낼 수 있었습니다. 주님이 나를 지키시고 도우시는 것이 정말 놀라웠습니다. 주님이 나를 인도하시는 삶이 정말 행복했습니다.

지금은 제가 좋은 형편에서 살지만 젊어서는 어려움을 많이 겪었습니다. 제 아내가 둘째인 아들을 낳았을 때에는 우리가 대구 파동에서 복음을 전하고 있었습니다. 아들을 출산할 날이 가까웠을 무렵, 아버지 생신이 있었는데 돈이 없어서 고향에 가지 못했습니다. 아버지 생신 때에는 늘 고향에 가서 인사를 드렸기에 마음이 아팠습니다. 먹을 것이 없어서 우리 부부도 굶고 있었습니다.

저녁 무렵에 어떤 분이 먼 곳에서 복음을 들으러 저를 찾아왔습니다. 복음을 전해서 10시 반쯤 되어 그분이 죄 사함을 받고 정말 기뻐하면서 돌아갔습니다. 저도 정말 기뻤습니다. 함께 밖으로 나가서 잘 가라고 배웅하고 방으로 들어오니까 아내가 화를 냈습니다. '복음을 전해서 한 사람이 구원받았으면 기뻐해야지, 이 사람이 왜 이래?'라는 생각이 들었습니다. 아내는 "복음만 간단히 전하지 왜 쓸데없는 이야기를 그렇게 많이 해요?"라고 했습니다. 알고 보니, 제가 이야기를 시작할 때 진통이 시작되었던 것입니다. 배가 너무 아파서 견딜 수 없는데, 아프다고 하면 그 사람이 복음을 듣다가 중단될 것 같아서 참았던 것입니다. 아내에게 미안하다고 했습니다.

문제는, 돈이 하나도 없었습니다. 병원에 가려고 해도 택시를 탈 돈도 없었습니다. 요즘은 집집마다 승용차가 있지만 당시에는 생각도 할 수 없었던 일입니다. 제가 살면서 제일 어려웠던 때가 그때였습니다. '이러다가 아이가 나오면 어떻게 하지…?' 아내는 배가 너무 아프다며 우는데 좀 조용히 울라고 했습니다. '하나님, 이럴 땐 어떻게 해야 합니까? 아이가 나오면 내가 어떻게 해야 하지요?' 정말 어려웠습니다.

다행히 날이 밝아왔습니다. 아침 일곱 시쯤 되었는데 한 부인이 우리 집에 찾아왔습니다. 그 부인은 복음을 들은 지 일주일이 채 안 된 분이었습니다. 저는 지금도 그분이 왜 그 이른 시각에 우리 집에 왔는지 모릅니다. 그 자매님이 우리 방에 들어와서 제 아내가 진통하고 있는 모습을 보고는 아내에게 이렇게 말했습니다. 저는 지금도 그 말을 생생히 기억하고 있습니다.

"사모님, 저는 부산 일신병원 산부인과에서 근무했어요. 제가 조산원 자격을 가지고 있어요."

자매님은 잠깐만 기다리라고 하고는 뛰어가더니 큰 가방을 들고 다시 왔습니다. 자매님이 아이가 태어나는 것을 도왔습니다. 여덟 시 반쯤에 아들이 태어났습니다. 자매님이 산모에게 밥을 해서 주려고 부엌에 들어가서 보니까 아무것도 없었습니다. 다시 뛰어나가서 쌀도 사고, 미역도 사고, 소고기도 사왔습니다. 11시가 되어 우리가 아침을 먹었습니다. 아들 덕분에 아침을 잘 먹었습니다. 아들이 태어나기 전날 밤은 제 인생에서 정말 암담했던 시간이었지만, 하나님은 저를 지키고 도우셨습니다. 하나님이 저와 함께하는 삶, 저는 이 삶이 한없이 좋습니다.

요즘은 좋은 집에서 살고 좋은 차를 타고 다닙니다. 하지만 하나님은 제가 어떤 일을 만나든지 저를 분명히 돕고 인도해 주셨기 때문에 지금도 어떤 일을 만나든지 인간적인 방법을 쓰지 않고 하나님을 바라봅니다. 하나님을 구하는 것보다 아름다운 것은 없다는 사실을 알았기 때문입니다.

내 심장이 다 나았구나!

하나님은 제가 아플 때마다 몸도 건강하게 고쳐 주셨습니다. 1999년에는 심장이 굉장히 안 좋았습니다. 심장은 어릴 때부터 좋지 않았고, 군대에서 유격훈련을 받으면서 몸에 마비증세가 일어나 제가 심장이 좋지 않다는 사실을 처음 알았습니다. 한창 젊을 때여서 며칠 쉬니까 몸이 괜찮아졌습니다. 그런데 쉰 살을 넘어서면서 심장이 나쁜 증세가 점점 나타났습니다. 1999년에는 심장이 아주 안 좋았습니다. 부정맥이 있어서, 청진기를 귀에 꽂고 심장 소리를 들으면 심장이 뛰다가 잠시 멈추었습니다. 그 순간 정적이 흐르고 기분이 묘했습니다.

원인을 찾으려고 한양대학병원에서 정밀검사를 받았지만 원인을 발견하지 못했습니다. 그 후 미국 뉴욕에서 세계 제일의 심장 전문의를 만났는데, 그분이 저를 하루 종일 진찰한 뒤 '이 병은 치료할 수 있는 길이 없다'고 했습니다. 그래서 그냥 지냈는데, 1999년 5월 페루에 전도 집회를 인도하러 갔을 때에는 심장이 극도로 안 좋아져서 제가 죽는 줄로 알았습니다.

그 해 여름에 '자라목 솔밭'에서 수양회를 했는데, 하루는 밤에 자려고 누워서 생각하다 보니 그날 제가 아주 많이 걸었다는 사실을 알았습니다. 수양회 본부에서 솔밭 맨 끝에 있는 주일학교를 하는 장소까지 500미터쯤 되는데, 거기를 네 번이나 왔다갔다한 것입니다. 조금만 걸어도 숨이 찼는데 4킬로미터를 걸었다는 사실이 믿어지지 않았습니다. 아무리 계산해 보아도 네 번을 오간 것이 맞았습니다. 정말 믿어지지 않았습니다.

'내 심장이 다 나았구나!'

이튿날 아침부터 조깅을 시작했습니다. 수양회를 마치고는 교회 근처 학교에서 운동장을 돌았습니다. 300미터 트랙을 두 바퀴 도니까 옆구리가 아파서 더 이상 뛸 수 없었습니다. 그런데 몸이 점점 좋아져서 5킬로미터까지 달렸습니다. 제가 나이가 들면서 의사 형제들이 나이 든 사람은 관절이 상하니까 조깅이 좋지 않다고 하여 달리는 것을 그만두고 요즘은 수영을 하고 있습니다. 물론 바빠서 수영장에 가는 날이 별로 없지만 얼마든지 수영을 할 수 있습니다.

하나님이 나를 지키시고, 내 몸을 건강하게 하시고, 내 삶을 인도

하시는 것을 보았습니다. 하나님이 지키시는 것보다 아름다운 것은 없습니다. 저는 CLF에서 구원받고 믿음의 세계를 배우고 싶어 하는 많은 목회자들을 봅니다. 그분들이 다 믿음으로 사는 법을 배워 믿음으로 달려가서 복된 삶을 살게 되기를 바랍니다. 그렇게 할 수 있도록 목회자들을 교육하는 일에 힘을 기울이려고 합니다.

말씀이 근원이며 생명

하나님의 말씀이 우리 마음에 임하면
우리 삶에 전에 없었던 신선하고 새로운 세계가 시작된다.
하나님의 말씀이 떨어지면 그 말씀에 담겨 있는 사실은
영원히 그러하다. 성도는 자신이 애써서가 아니라
말씀을 받아들여서 새로운 삶을 살며,
하나님의 말씀 안에서 자신의 정체를 찾는다.

8장

땅에 말씀이 임하기까지

땅에 말씀이
임하기까지

창세기 1장에 나타나는 첫 번째 원칙

창세기 1장은 **"태초에 하나님이 천지를 창조하시니라. 땅이 혼돈하고 공허하며 흑암이 깊음 위에 있고…"**라고 시작합니다. 성경 학자들은 성경 내용을 연구합니다. '창세기 1장 2절에서 땅이 혼돈하고 공허하며 흑암이 깊음 위에 있다고 했는데, 땅이 얼마 동안 혼돈했고 얼마 동안 공허했으며 얼마 동안 흑암 속에 있었는가?'에 대해 생각하고 발표하고 논의합니다. 어떤 학자는 3만 년일 것이라고 하고 어떤 학자는 3억 년일 것이라고 하지만, 근거는 없습니다.

 중요한 것은, 땅이 창조되었는데 빛이 없었습니다. 얼마 동안 빛이 없었는지는 아무도 모릅니다. 땅을 보고 "저 땅이 왜 저래? 아무것도 없이 공허하잖나. 도대체 얼마 동안이나 빛이 없었던 거야?"라고 할 사람도 없었습니다. 땅은 그냥 어두움에 잠겨 있었습니다. 그런데 거기 하나님이 계셨습니다. 하나님이 그 땅을 향하여 "빛이 있으라." 하시니까 빛이 있었습니다. 다르게 말하면, 빛이 있으라고 말씀하시니까 어두움이 물러갔습니다. 이것이 창세기 1장에 나타나는 첫 번째 원칙입니다.

하나님의 말씀이 들어올 때 새로운 세계가 시작됩니다.

"목사님, 여기 전주인데요. 김충환 형제가 암에 걸려서 오랫동안 병원에 입원해 있었는데, 병세가 위중해져서 의사가 이삼 일밖에 살지 못할 거라고 합니다."

제가 대전에 있을 때 이런 전화가 걸려왔습니다. 마침 우리 교회에서 함께 일하던 김성훈 목사가 전주에 있어서 전북대병원에 한번 가보라고 했습니다. 김 목사가 병원에 가서 김충환 형제의 상태를 보고는 살기 어렵겠다고 했습니다.

다음날 제가 광주에 갈 일이 있어서 아내와 아들과 셋이 가기로 했는데, 제가 아내에게 한 시간 일찍 출발하자고 했습니다. 광주로 가는 길에 전주에 들러서 김충환 형제를 보고 싶었습니다. 얼마 뒤 전북대병원에 도착해서 김충환 형제가 입원해 있는 병실의 문을 열었습니다. 병실에는 김충환 형제와 그의 아내, 그리고 김 형제의 어머니가 있었습니다. 김 형제가 아직 죽지 않았지만 죽음의 그림자가 병실을 완전히 뒤덮고 있었습니다. 김 형제는 누워 있는데 죽었는지 살았는지 인기척이 전혀 없고, 형제의 아내는 침대 뒤편에서 고개를 푹 숙인 채 슬픔에 잠겨 있다가 내가 들어가니까 고개를 들어 멍하니 쳐다보다가 다시 고개를 숙였습니다. 형제의 어머니는 침대 앞쪽에서 눈물만 줄줄 흘리고 있었습니다. 세 사람의 마음에서 김충환 형제는 이미 죽어 있었습니다.

　땅이 혼돈하고 공허하며 흑암이 깊음 위에 있었던 창세기 1장의 상황과 그 형제가 처한 상황이 같다고 여겨졌습니다. 죽음이 형제를 집어삼키려고 하는 것 같았습니다. 혼돈과 공허와 어두움이 땅을 지배했던 것처럼 김 형제와 그 가족들의 마음을 죽음의 그림자가 지배하고 있었습니다. 형제가 아직 죽지 않았지만, 2~3일 안에 죽는다는 의사의 말이 병실에 있는 사람들의 마음에 이미 죽음을 가져다주었습니다. 형제에게나 그 아내에게나 어머니에게나 마음에서 소망의 빛이 다 사라지고 슬픔과 절망밖에 없었습니다.

　내 눈앞에 펼쳐진 상황을 창세기 1장과 연결하니까 아주 간단했습니다. 땅이 혼돈과 공허와 어두움의 지배를 받다가 하나님의 말씀이 땅에 임하면서 그것들이 다 사라졌습니다. 제가 다시 생각해 보았습니다.

　'만일 이곳에 내가 오지 않고 예수님이 오셨으면 어떻게 하셨을까? 주님은 혼돈하고 공허하며 어둡던 땅을 빛으로 새롭게 하신 분이니까, 예수님이 오시면 김 형제를 죽음에서 건지시겠구나. 그래서 형

제의 마음에서 어두움이 물러가고 슬픔과 절망이 사라지겠구나.'
생각이 이어졌습니다.
'창세기 1장에서 "빛이 있으라" 하시니 어두움이 다 물러간 것처럼 예수님이 "형제야, 일어나라." 하시면 슬픔이 끝날 거야. 마음이 기쁨으로 채워질 거야.'
다시 생각이 이어졌습니다.
'그런데 내 안에도 예수님이 계시잖아. 내 안에 계신 예수님이 오늘 이 자리에서 슬픔과 두려움과 절망을 이기고 몰아내시겠다!'
제가 입을 열어 김충환 형제에게 큰소리로 말했습니다.
"어이, 김 형제! 눈 좀 떠봐! 날 좀 쳐다봐!"
"예... 목사님.."
형제가 힘없이 대답하며 눈을 떠서 저를 힘없이 쳐다보았습니다.

나사로가 죽은 겁니까, 산 겁니까?

요한복음 11장에 보면, 나사로가 죽었습니다. 나사로가 병들어서 힘들어할 때 그의 동생인 마르다와 마리아가 예수님에게 사람을 보내, 오셔서 오빠를 고쳐 달라고 했습니다. 그때 예수님이 "이 병은 죽을 병이 아니라 하나님의 영광을 위한 병이다."라고 하셨습니다. 마르다와 마리아가 예수님이 하신 말씀을 전해 들었습니다. 이제 그 말씀을 믿으면 말씀이 그들 마음에 들어가서 창세기 1장과 같은 변화를 가져다줍니다.

마르다와 마리아가 예수님이 하신 말씀을 믿으면, 나사로의 병은 죽을 병이 아니니까 걱정할 필요가 없습니다. 설령 숨이 멎어도 "걱정하지 마. 예수님이 죽을 병이 아니라고 하셨어. 썩어 냄새가 나도 문제가 안 돼. 예수님이 말씀하신 대로 오빠가 살아날 거야."라고 했을 것입니다. 그것이 예수님이 하신 말씀을 믿는 것입니다.

마르다와 마리아가 '예수님이 죽을 병이 아니라고 하셨다'는 말을 전해 듣고 나사로가 죽지 않을 줄 알았습니다. 그런데 상태가 점점 나빠지더니 결국 죽고 말았습니다.

여러분에게 묻겠습니다. 조금 전에 이야기한 김충환 형제의 병실에 예수님이 가셨으면 김 형제를 살리실 수 있습니까?

"살리실 수 있습니다." 어떤 목사님이 이렇게 답했습니다.

다시 묻겠습니다. 예수님이 죽을 병이 아니라고 그랬는데 나사로의 숨이 멎었습니다. 나사로가 죽은 겁니까, 산 겁니까?

"죽었죠. 우리가 보기에는 죽었습니다." 이번에는 이렇게 답했습니다.

그런데 죽을 병이 아니라고 하신 예수님의 말씀을 믿는다면 죽은 게 아니죠? 썩어서 냄새가 나도 예수님이 하신 말씀을 믿으면 죽은 것이 아닙니다.

우리는 이런 문제 앞에 있습니다. 예수님이 죽을 병이 아니라고 하셨으면 살아나야 하는데, 병이 점점 심해지더니 숨이 끊어지고 말았습니다. 마르다와 가리아가 어떻게 생각했겠습니까? '예수님이 오빠가 죽지 않는다고 하셨는데 죽었네? 예수님 말씀이 틀렸네.' 사람들은 보통 이렇게 생각합니다. 그런데 나사로가 죽었다고 믿는다는 것은 나사로가 산다는 예수님의 말씀이 그들의 마음에서 죽었다는 것입니다. 만약 예수님의 말씀이 그들 마음에 살아 있다면 절대로 죽었다고 하지 못합니다. 마음에서 '죽어도 죽은 게 아냐!' 합니다. 그것이 믿음입니다.

예수님은 천지를 창조하신 분입니다. 그분이 살았다면 산 것인데, 사람들은 예수님과 다른 판단을 가지고 있습니다. 우리가 배워야 할 것이 있습니다. 우리가 보는 눈보다 예수님이 보시는 눈이 더 밝다는 것입니다. 우리가 볼 때 아무리 죽었어도 예수님이 잔다고 하시면 자는 것입니다. 사람들은 이렇게 말할 것입니다.

"에이, 우리가 자는 것하고 죽은 것은 구분하죠. 자는 것은 숨을 쉬고 죽은 것은 숨을 쉬지 않죠. 이 사람을 봐요. 숨을 쉬지 않잖아요. 맥이 뛰지 않잖아요. 몸이 굳어 가잖아요. 이건 죽은 거예요! 누가 뭐라고 해도 죽은 게 맞아요!"

우리는 이런 판단을 가지고 살았습니다. 그런데 이런 판단은 세상에서 배운 것입니다. 예수님은 세상 사람들과 다릅니다. 절대로 같을 수가 없습니다. 그렇기 때문에 우리가 보기에 죽었어도 예수님이 살았다고 하시면 산 것입니다. 썩어 냄새가 나도 산다고 하시면 사는 것입니다.

내 뜻이 뭐가 중요해? 목사님 말씀 따라 짜장면을 먹자

앞에 이야기한 형제는 의사가 이틀이나 사흘 후면 죽는다고 했습니다. 그렇게 될 것입니다. 그러나 예수님이 계시면 형제가 삽니다. 저는 형제에게 그 사실을 믿게 해주어야 했습니다. 그래서 이야기했습니다.

"형제, 내 이야기 잘 들어봐! 예수님이 세상에 계실 때 병든 자들을 다 고쳐 주셨어. 병든 자를 보고 한 번도 못 본 척하지 않으셨어. 그 예수님이 만일 이 자리에 오시면 예수님은 형제도 반드시 살리실 거야!"

제 이야기는 사실입니다. 중요한 것은 예수님의 마음하고 형제의 마음이 연결되어야 한다는 것입니다. 선이 연결되어 있어야 제가 마이크에 대고 하는 이야기가 스피커를 통해서 여러분에게 전달되는 것처럼, 우리 마음이 예수님과 연결되어야 능력이 우리에게 흘러옵니다. 예수님과 같은 마음을 가질 때, 즉 성경에 기록된 말씀을 마음에 그대로 받아들일 때 창세기 1장에서 나타나는 것과 같은 능력이 나타납니다.

"형제, 의사는 이삼 일밖에 살지 못한다고 하지만 이건 우리가 느끼는 형편이야. 예수님은 죽은 나사로도 살리셨고, 나인 성의 과부의 아들도 살리셨어. 예수님이 일하시면 형제도 살 수 있어. 병이 나을 수 있어!"

예를 들어, 제가 총각인데 어떤 아가씨가 마음에 너무 들어서 "저와 결혼합시다."라고 했습니다. 그때 그 아가씨가 "정말요? 나도 당신을 좋아해요. 그런데 왜 이제야 이야기해요? 우리 결혼해요." 한다면 두 사람이 한 마음이 되어 결혼이 이루어집니다. 그런데 그 아가씨가 "싫어요. 나는 당신 말고 멋진 남자 친구가 있어요." 하면 마음이 다르기 때문에 결혼이 이루어질 수 없습니다.

한국에는 짜장면이라는 중화요리가 있습니다. CLF에 참석한 목회자 여러분이 짜장면을 한번 먹어봐야 하는데…. 제가 저를 도와 일하는 김 전도사님에게 짜장면을 먹자고 이야기했다고 해봅시다. 그때 전도사님이 좋다고 하면 우리는 마음이 하나입니다. 전도사님이 짜장면은 싫고 다른 것을 먹겠다고 하면 우리는 마음이 다릅니다. 그런데 전도사님이 '에이, 내 뜻이 뭐가 중요해? 목사님 말씀대로 그냥 짜장면을 먹자.' 하면 우리는 마음이 하나가 됩니다. 하나님을 믿는 것이 이와 같은 원칙으로 이루어집니다. 우리 생각이 예수님의 말씀과 맞지 않을 때 내 생각을 버리고 예수님의 말씀을 믿는 것입니다.

하나님의 뜻이 있고, 우리 마음이 그 뜻과 함께할 때 그 일이 이루어집니다. 창세기 1장에서 하나님은 땅에 빛을 주고 싶으셔서 "빛이 있으라." 하셨고, 땅에 그 말씀이 임해 빛이 있었습니다. 성경에서 예수님은 문둥병자를 고치셨고, 중풍병자를 고치셨고, 소경을 고치셨고, 귀신들린 사람을 고치셨습니다. 그렇게 하는 것이 예수님의 뜻이었습니다. 그런 뜻을 가지고 그렇게 일하신 예수님이 왜 김충환 형제를 살리시지 않겠습니까?

우리는 성경에서 나사로를 살리시는 예수님의 마음을 읽을 수 있습니다. 예수님은 어제나 오늘이나 영원토록 동일하시기 때문에, 나사로를 살리신 예수님이라면 우리를 능히 고치십니다. 우리가 '그렇네! 예수님이 나를 고치시겠네! 그럼 내가 낫겠네!' 하고 예수님과 한마음이 되면 그대로 역사가 이루어집니다.

목사님, 암이 깨끗이 나아 오늘 퇴원합니다
예수님은 김충환 형제를 살리기 원하시는데, 김 형제가 '나는 죽을 거야.' 하면 그것은 예수님과 다른 마음입니다. 반대로 암으로 다 죽어가도 '예수님이 나를 살리기를 원하셔!' 하면 예수님과 같은 마음입니다. 제가 김 형제에게 예수님과 마음을 합하는 이야기를 40분 가량 한 뒤 김 형제에게 다짐을 받았습니다.

"자네는 이제 형편을 보지 마. 예수님의 마음을 알아야 해. 예수님은 자네를 고치기 원하셔. 그러니까 그 예수님을 바라봐야 해. 그 예수님과 마음을 같이하면 예수님의 마음이 자네 속에 들어와. 그러면 예수님이 자네 병을 고치셔. 알겠는가?"

"예, 목사님."

몇 번을 다짐받아 형제 마음에 믿음을 갖게 했습니다.

제가 처음 그 병실에 들어갔을 때에는 형제의 마음도, 아내의 마음도, 어머니의 마음도 죽음의 그림자가 지배하고 있었습니다. 예수님은 형제를 살리기 전에 먼저 그의 마음을 바꾸길 원하셨습니다. '나는 죽지 않아! 예수님이 나와 같이 계셔! 예수님은 나를 살리실 수 있어!' 형제의 마음이 죽음의 지배에서 벗어나서 빛의 세계로 가도록 하셨습니다.

이야기를 마치고 광주에 들렀다가 집으로 돌아왔습니다. 그리고 며칠 후, 전화가 왔습니다.

"여보세요."

"목사님, 저 김충환 형제입니다!"

깜짝 놀랐습니다. 다 죽어가던 형제였는데 목소리에 힘이 있었습니다.

"김 형제, 어쩐 일인가?"

"목사님, 저 오늘 퇴원합니다."

"어떻게 퇴원을 해?"

"몸이 건강해지고 암이 깨끗이 나았습니다. 의사가 검사했는데 암세포가 하나도 없다고 합니다. 목사님, 감사합니다."

그날 김충환 형제가 건강한 몸으로 퇴원했습니다.

내가 보기에 아무리 죄인인 것 같아도

죄 사함을 받는 것도 같은 원리로 이루어집니다. 죄를 짓지 않은 사람은 아무도 없습니다. 우리는 다 죄를 지었습니다. 그래서 사람들은 죄를 짓지 않으려고 애쓰고, 많은 사람들이 지은 죄를 용서해 달라고 기도합니다. 그런데 하나님은 우리가 의롭게 되었다고 하십니다. 거룩하게 되었다고 하십니다. 우리가 보기에는 자신이 죄를 지었기에 분명히 죄인입니다. 그러니까 죄인이라고 말하는 것이 양심적인 것 같습니다. 그러나 하나님이 의롭다고 하시면 의롭다고 받아들이는 것이 하나님을 믿는 것입니다.

우리 생각보다 하나님의 말씀이 옳습니다. 내가 보기에 아무리 죄인인 것 같아도 하나님이 의롭다고 하시면 의로운 것이 맞습니다. 그런데 많은 교회가 하나님과 싸웁니다. 많은 목회자들이 죄인이라고 하고, 죄인이라고 가르칩니다. 의인이라고 전하는 사람들을 오히려 이단시하며 대적합니다. 왜 그런 일이 일어나는지 압니까? 성경을 보지 않기 때문입니다. 성경을 대충 보면 우리가 죄인인 것 같습니다. 그런데 자세히 보면 성경은 우리를 보고 의인이라고 합니다. 호세아 성경에서 이렇게 말합니다.

"누가 지혜가 있어 이런 일을 깨달으며 누가 총명이 있어 이런 일을 알겠느냐? 여호와의 도는 정직하니 의인이라야 그 도에 행하리라. 그러나 죄인은 그 도에 거쳐 넘어지리라."(호 14:9)

하나님의 도는 의인이라야 행할 수 있고, 죄인은 그 도에 거쳐서 넘어진다고 했습니다.

우리는 죄를 지었습니다. 거짓말도 하고 도둑질도 했습니다. 저는 어렸을 때 당시 우리나라가 무척 가난했기 때문에 서리를 많이 했습니다. 남의 집 농작물이나 과일들을 많이 훔쳐 먹었습니다. 제 눈에는 내가 죄인으로 보입니다. 그런데 하나님은 의롭고 거룩하다고 하십니다.

"도적이나 탐람하는 자나 술 취하는 자나 후욕하는 자나 토색하는 자들은 하나님의 나라를 유업으로 받지 못하리라. 너희 중에 이와 같은 자들이 있더니 주 예수 그리스도의 이름과 우리 하나님의 성령 안에서 씻음과 거룩함과 의롭다 하심을 얻었느니라."(고전 6:10~11)

죄를 많이 지었지만 하나님과 연결되면 죄가 씻어집니다. 하나님이 우리를 보고 거룩하다고 하시고 의롭다고 하십니다. 하나님이 거룩하다고 하시면 우리가 거룩하고, 의롭다고 하시면 의롭습니다. 나사로가 죽은 것처럼 보이지만 예수님이 산다고 하셨으면 삽니다.

하나님이 의롭다고 하셨으면 내가 의로운 것 아닙니까?

하나님은 인간을 창조할 때 마음을 만드셨습니다. 신기한 것이, 머리에는 서로 다른 두 가지 이론을 담아둘 수 있지만 마음에서는 그것이 절대로 안 됩니다. 내가 죄인이라는 마음이 있으면 의인이라는 마음이 들어오지 못합니다. 반대로 내가 의인이라는 마음이 있으면 죄인이라는 마음이 절대로 함께 있지 못합니다. 우리가 자신을 볼 때에는 죄인이지만 성경은 우리를 보고 의인이라고 합니다. 두 가지 사실 가운데 하나만 우리 마음에 자리할 수 있습니다.

오늘날 많은 목사님들이 성경을 읽지 않습니다. 성경을 몰라서 제가 의인이라고 하면 이단이라고 합니다. 요즘은 우리가 하는 이야기를 듣고 의롭다고 하는 것이 맞다고 하는 목회자들도 많아졌지만, 처음에는 대부분 "의인은 없나니 하나도 없다고 했는데 교만하게 어떻게 의인이라고 해?"라고 하면서 저를 이단이라고 했습니다. 제가 의롭다고 하면 "당신은 죄 안 지었어?"라고 따져 물었습니다.

몇 년 전에 제가 도미니카에 갔을 때, 그곳 목회자들이 모인 자리에서 "나는 의인입니다."라고 하자 질문이 쏟아졌습니다. "목사님은 죄를 짓지 않습니까?" "거짓말한 적이 없습니까?" "도둑질을 한 번도 안 했습니까?" 제가 죄를 많이 지었다고 했습니다. 거짓말도 도둑질도 많이 했다고 했습니다. 그러니까 목회자들이 "그런데 어떻게 의롭습니까?"라고 했습니다. 나도 모른다고 대답하자 목회자들이 다 웃었습니다. 제가 이야기했습니다.

"내가 정확히 아는 것은, 성경에서 하나님이 나를 보고 의롭다고 했습니다. 하나님이 나를 의롭다고 하셨으면 내가 의로운 것 아닙니까?"

목회자들이 웃음을 그치고 제가 하는 이야기를 진지하게 들었습니다. 그러더니 "우리가 의로운 것이 맞습니다!" 하였습니다. 자신들은 늘 죄인으로 살았는데 의롭게 된 것을 비로소 알았다며 기쁨을 감추지 못했습니다. 목사님들이 저에게 고맙다고 하면서 같이 사진을 찍자고 하고, 저를 끌어안는 목사님도 있고, 저를 보고 신앙의 아버지라고 하는 목사님도 있었습니다.

아니야, 하나님의 말씀대로 내 배는 다 나은 거야!

말씀이 우리 마음에 임하기까지 과정이 있습니다. 창세기 1장에서 땅이 오랫동안 혼돈과 공허와 흑암 가운데 있었던 것처럼 우리 마음이나 삶에 어두운 일들이 있어서 우리가 그것들의 지배를 받고 삽니다. 그리고 창세기 1장에서 하나님이 땅에 말씀하셨던 것처럼 우리에게 말씀하십니다.

오래 전에 제가 위궤양으로 배가 많이 아팠습니다. 음식을 먹으면 설사가 나서 3개월 동안 식사를 제대로 하지 못했습니다. 그 몸으로 계속 전도 집회를 인도하고 말씀을 전해야 하는 것이 많이 힘들었습니다. 하루는 새벽에 제 배를 위해 기도했습니다.

"하나님, 배가 너무 아픕니다. 이번 여름에는 수양회도 있고 행사가 많은데, 이 몸 가지고는 여름을 지날 수 없을 것 같습니다. 제 배를 낫게 해주십시오."

기도하고 있는데 성경 구절이 하나 떠올랐습니다. 마가복음 11장 24절이었습니다. 마치 예수님이 저에게 이야기하는 것처럼 말씀이 떠올랐습니다.

"그러므로 내가 너희에게 말하노니, 무엇이든지 기도하고 구하는 것은 받은 줄로 믿으라. 그리하면 너희에게 그대로 되리라."(막 11:24)

하나님께 간구한 것을 받은 줄로 믿으면 그대로 된다는 것입니다. 배가 아파서 오랫동안 고생했기에 '이렇게 쉽게 해결되는 것을…'이라는 마음이 들었습니다. 이 말씀을 따라서 "하나님, 제 배를 낫게 해주십시오. 예수님의 이름으로 기도드렸습니다." 하고는, '이제 나았다.'라고 마음먹었습니다. 그렇게 하고 나니까 문제가 있었습니다.

당시 저는 배가 너무 아파서 죽만 먹고 지냈습니다. 아주 묽은 죽을 조금씩 먹는데도 설사가 났습니다. 그런데 배가 다 나았다면 매운 김치도 먹고 짠 된장도 먹어야 했습니다.

병원에서는 의사가 저에게 "목사님 위장은 굉장히 얇아졌습니다. 옛날 문에 바른 창호지에 물을 뿌려놓은 것처럼 약해져 있습니다. 그래서 조금만 자극을 주어도 터집니다. 위가 터지면 24시간 안에 죽습니다. 조심해야 합니다!"라고 했습니다. 그런데 배가 나았다고 믿으면 김치를 먹어야 하고, 김치를 먹으면 의사 말대로 위가 터져서 죽을 것만 같았습니다.

배가 나았다고 믿지도 못하고 안 믿지도 못하고, 난처했습니다. 그래서 "하나님, 제 배를 먼저 낫게 해주십시오. 그러면 믿겠습니다."라고 했습니다. 그러나 성경에서는 먼저 믿으면 그렇게 된다고 말씀하고 있었습니다. 성경을 펴서 마가복음 11장 24절을 정확히 분석해 보았습니다. 무엇이든지 기도하고 구하는 것을 받은 줄로 믿으면 그대로 된다고 분명히 이야기하고 있었습니다. 내가 배를 고쳐 달라고 기도하고, 기도한 대로 배가 나았다고 믿기만 하면 그대로 된다는 사실을 확신할 수 있었습니다. 하나님께 배를 고쳐 달라고 기도를 드린 후 '내 배가 다 나았다!'고 믿었습니다.

그날 아침에는 우리 집에 손님이 많이 와서 제 아내가 음식을 잔뜩 차렸습니다. 그리고 식탁 끝에 제가 먹을 죽 조금과 김 몇 장 등을 놓아두었습니다. 제가 식탁 가운데에 앉아서 밥 한 그릇을 잡은 뒤, 김치도 먹고 잔뜩 차려진 음식과 함께 밥을 먹기 시작했습니다. 아내가 지나가다 저를 보고는 깜짝 놀랐습니다.

"당신, 어쩌려고 그래요?"

"걱정 마요. 다 나았어요."

저는 다른 사람에 비해 밥을 굉장히 빨리 먹습니다. 젊었을 때 성경을 읽으려고 잠자는 시간과 밥 먹는 시간을 줄이다 보니, 밥 한 끼를 먹는 데 2분 이상 걸리지 않았습니다. 요즘은 대통령이나 장관들과 식사할 기회가 있어서 그분들과 밥 먹는 시간을 맞추려고 아주 천천히 먹는데도 항상 제가 제일 빨리 뜹니다. 그날도 다른 사람은 밥을 반도 먹지 않았는데 저는 다 먹었습니다.

밥을 다 먹고 숟가락을 식탁에 내려놓는데 배가 싸르르 하고 아파 왔습니다. 함께 식사하던 분들에게 미안하다고 하고 화장실로 달려갔습니다. 설사가 쫙쫙 나왔습니다. '아이고, 배야!' 마음에서 '너, 이제 죽을지 몰라. 배가 터질 수 있어. 그 배로 김치를 먹어? 그게 말이 돼?'라는 생각이 일어났습니다. 두려웠습니다.

'아니야, 나는 하나님의 말씀을 믿어. 내 배는 다 나은 거야!'

마귀가 속삭였습니다.

'네 배가 나았으면 설사를 안 해야지. 배가 안 아파야지. 너는 지금 배가 아프고 설사를 하고 있잖아. 그게 나은 거야? 나은 거야? 나은 거야?'

생각해 보니, 배가 진짜 나았으면 아프지 않아야 하는데 저는 배가 아프고 설사를 하고 있었습니다. 그때 다른 생각이 떠올랐습니다. 야이로의 딸이 죽었을 때 예수님이 죽은 게 아니라 잔다고 하셨습니다. 사람들이 볼 때에는 죽었는데, 예수님은 잔다고 하셨습니다. 그 아이가 예수님이 말씀하신 대로 깨어났습니다. 사람들의 판단이 맞는 것 같았지만 예수님의 말씀이 맞았습니다.

'그렇구나! 내가 볼 때 배가 아프지만, 기도하고 구한 것을 믿으면 그대로 된다고 했으니까 믿은 대로 내 배가 나았구나! 아프긴 하지만 하나님이 나았다고 약속하셨으니까 나는 나았어. 아프지만 나은 거야!'

그날 점심에도 밥 한 그릇을 김치와 함께 먹었습니다. 그리고 화장실에 가서 설사를 했습니다. 저녁에는 식사 초대를 받았는데, 당시 우리나라에서 유명한 하얏트 호텔의 뷔페식당으로 음식이 360가지가 있다고 했습니다. 그날 하얏트 호텔에 가서 배가 아프니까 죽만 조금 먹어야겠다고 생각했다가, '아니다. 내 배가 다 나았지!' 하고는 다섯 접시를 비웠습니다. 불룩해진 배 때문에 조금은 불편한 상태로 운전을 해서 집으로 왔습니다. 밤에는 설사를 하지 않았습니다. 다음날 아침에 일어났을 때 내 배가 깨끗이 나았다는 것을 느낄 수 있었습니다. 그날 후로는 어떤 음식이든지 아주 잘 먹습니다.

창세기 1장에서 혼돈하고 공허하며 흑암에 갇혀 있던 땅처럼 우리는 죄에 갇혀 있었고 질병이나 연약함 속에 있었습니다. 그런데 하나님의 말씀이 임하면서 그 땅에서 어두움이 사라지고 혼돈과 공허가 물러간 것처럼, 우리 마음에도 하나님의 말씀이 임할 때 죄가 사라지고 슬픔과 고통과 절망이 물러가며 병이 없어집니다.

하나님이 계시지 않으면 우리가 죄인입니다. 하나님이 계시지 않으면 우리가 거룩하지 않습니다. 하나님이 계시지 않으면 슬픔이고 절망입니다. 하나님은 빛이고 능력이고 사랑이고 소망이십니다. 우리가 그 하나님과 연결되면 어떤 일이 일어나겠습니까? 우리에게 있는 문제들을 하나님이 다 해결하십니다.

이제 우리는 성경 말씀을 보고 듣고, 그 말씀에 마음을 합하는 것입니다. 내가 보기어 어떠하든지 그것을 버리고 하나님의 말씀을 마음에 받아들이는 것입니다. 하나님의 말씀과 우리 마음이 하나가 될 때 우리 삶에 새롭고 놀라운 하나님의 역사가 펼쳐집니다.

모든 능력은 하나님께로부터 옵니다. 그 능력이 우리 삶 속에 나타나려면 내 마음이 하나님의 마음과 연결되어야 합니다. 똑똑하거나 잘난 척할 이유가 없습니다. 하나님의 말씀 앞에서 내 생각을 버리고 말씀을 받아들이는 것입니다. 하나님이 의롭다고 하시면 나도 의롭다고 받아들이는 것입니다. 하나님이 우리를 보고 거룩하다고 하시면 나도 '내가 거룩하다'고 하는 것입니다. 내 생각을 버리는 것, 이것이 회개입니다. 하나님의 말씀을 받아들이는 것, 이것이 믿음입니다. 마음에 말씀을 받아들이면 그때부터 그 말씀이 우리 안에서 살아 일하기 시작합니다. 우리 삶에 하나님의 능력이 나타나고 말할 수 없이 큰 하나님의 은혜가 우리에게 부어집니다.

하나님은 우리가 상상할 수 없는 일을 하실 수 있습니다. 하나님은 바로 내 속에 그런 일을 하기를 원하십니다. 성경을 읽고 듣고, 말씀 앞에서 내 생각을 다 버리고 말씀을 그대로 믿으십시오. 그러면 누구든지 하나님의 사람, 능력의 사람이 됩니다.

9장

오늘도 열매를 맺는 이유는

오늘도 열매를
맺는 이유는

땅은 열매를 맺는 과목을 내라

창세기 1장은 **"태초에 하나님이 천지를 창조하시니라."**로 시작합니다. 이어서 1장 2절에서는 "땅이…"라고 땅에 대해서 이야기합니다. 창세기 1장은 하나님이 땅에 일하시는 이야기입니다. 땅 안에는 금이나 다이아몬드나 사파이어 같은 보석들도 있는데, 하나님이 그런 보석들이 예쁘다거나 빛난다고 말씀하시지 않고 땅에 대해 말씀하셨습니다. 하나님은 11절에서 그 땅에게 **"땅은 풀과 씨 맺는 채소와 각기 종류대로 씨 가진 열매 맺는 과목을 내라."** 하고 임무를 주셨습니다.

우리가 성경을 조금 깊이 들어가서 보면, 하나님은 땅에 관심을 가지고 계신다는 사실을 알 수 있습니다. 제가 어느 날 성경을 읽다가 하나님이 관심을 가지신 땅은 바로 우리를 가리키고 있다는 사실을 알았습니다. 그러고 나니, 하나님이 우리에게 씨 맺는 채소와 씨 가진 열매 맺는 과목을 내라고 하신 것이 너무 감사했습니다. 우리가 열매를 맺을 수 있도록 하나님이 하셨다는 것입니다. 땅에서는 과일나무가 나서 열매를 맺는데, 그것이 바로 우리에 대한 이야기입니다.

하나님이 다이아몬드나 사파이어 같은 보석들에게 그렇게 말씀하신 것이 아니라 아무 가치도 없어 보이는 땅에게 그렇게 말씀하셨습니다. 땅은 사람들이 그냥 밟고 지나갑니다. 땅을 밟으면서 미안해하는 사람은 없습니다. 때로는 땅에 침을 뱉기도 하고 소변을 보기도 합니다. 그런데 사람들이 좋아하는 보석들에서는 사과나 망고가 맺히지 않고, 땅에서 그런 열매들이 맺힙니다.

하나님은 흙인 인간을 사랑하셨습니다. 그래서 '땅은 열매가 있는 채소와 과목을 내라'고 하신 말씀을 읽으면 힘이 납니다. '우리가 열매를 맺을 수 있구나!' 우리가 인생에서 꽃을 피울 수 있고 맛있는 영적인 열매들을 맺을 수 있습니다. 하나님은 흙으로 지으신 모든 인간에게 열매를 맺게 하셨습니다.

생각해 보십시오. 다이아몬드가 아무리 귀해도 다이아몬드를 산더미처럼 쌓아놓고 사과나무를 심으면 나무가 살지 못합니다. 황금에 심어도 살지 못합니다. 그런데 가치 없는 땅에 심으면 나무가 살고 자라서 열매를 맺습니다. 땅처럼 보잘것없는 제가 인생을 사는 동안 하나님이 허락하신 열매가 맺히는 것을 보았습니다. 저뿐 아니라 구원받은 사람들에게서 하나님이 허락하신 열매가 맺히는 것을 보았습니다. 그런 일들을 정말 많이 보았습니다.

내가 복음을 전해서 처음으로 구원받은 자매님

제가 선교학교에서 훈련을 받은 뒤, 오라는 데가 없어서 압곡동이라는 산골 마을에 가서 지내며 복음을 전했습니다. 그 마을에 있는 어느 집 건넌방에 세 들어 살았는데, 주인 아주머니는 '저렇게 선한 분이 있을까?'라는 생각이 들 만큼 선했습니다. 주인 아주머니는 담배를 많이 피웠습니다. 파는 담배를 사서 피우는 것이 아니라, 담배 농사를 지어서 담뱃잎을 엮어 처마에 매달아 놓고 마른 잎을 비벼서 가루로 만든 뒤 신문지에 말아서 피웠습니다.

"아줌마, 왜 그렇게 담배를 많이 피워요? 신문에는 납 성분이 들어 있어서 담뱃잎을 신문에 말아서 피우면 해로워요. 그리고 담배를 쉬엄쉬엄 피워야지, 왜 계속 물고 계세요?"

"총각은 몰라서 그래. 나는 골치가 아파서 담배를 계속 피우지 않으면 안 돼!"

오전에 저는 주로 성경을 읽었습니다. 제가 있는 방의 문 하나를 사이에 두고 주인 아주머니는 마루에 앉아서 담배를 피우고, 저는 방 안에서 성경을 읽었습니다. 동네는 아주 고요했습니다. 닭 우는 소리, 개 짖는 소리 외에는 아무 소리도 들리지 않았습니다.

하루는 성경을 읽고 있는데, 주인 아주머니의 친구 분이 찾아온 것 같았습니다.

"잘 있었나?"

"장사는 잘 하나?"

두 사람이 주고받는 이야기가 다 들렸습니다. 주인 아주머니의 친구 분은 머리에 김·미역·다시마·멸치 등을 이고 다니면서 시골 마을에 팔았습니다. 시골 사람들은 대부분 돈이 없어서 물건 값으로 밀이나 쌀 등을 주기에, 물건을 팔고 받은 무거운 곡식들을 머리에 이고 산동네들을 다니며 장사하는 분이었습니다. 두 사람이 한참 이야기를 하다가 친구 분이 주인 아주머니에게 물었습니다.

"너, 옆칸에 세 놓았나?"

제가 지내던 방 앞에 놓여 있던 알루미늄 솥을 보았던 것입니다.

"어, 교회 전도사 왔다."

"전도사님? 어디서 오셨는데?"

"대구에서 왔다."

"언제 왔냐? 여기 예수 믿는 사람이 있냐?"

"애들 몇 명 나온다."

저에 대해서 계속 묻는 것을 듣다 보니 '저 아주머니는 교회에 다니는 분이 틀림없다.'는 생각이 들었습니다. 읽고 있던 성경을 접어서 들고 밖으로 나가 "아주머니, 교회 다니세요?"라고 물었습니다. 그분이 안 믿는다고 딱 잡아뗐습니다. 그분에게 복음을 전하고 싶었습니다. 나중에 알았지만, 앞을 못 보는 남편과 네 명의 아이들과 함께 너무 가난하고 어렵게 사는 아주머니였습니다. 성경을 펴서 복음을 전하기 시작했습니다. 한 시간쯤 지났을 때 그분이 구원을 받았습니다. 그동안 많은 사람들에게 복음을 전하면서 구원받길 소망했는데, 그분이 제가 복음을 전해서 처음으로 구원받은 것입니다. 자매님의 이름은 손을순이었습니다.

그분과 저는 나이가 20년 이상 차이 났지만 저를 통해서 구원받은 그분이 정말 사랑스러웠습니다. 자매님도 저를 굉장히 위해 주었습니다. 스물 갓 넘은 저에게 "전도사님! 전도사님!" 하면서 제가 전해 주는 말씀을 아주 달게 들었습니다. 자매님은 저녁에 우리 집에 와서 밤늦도록 성경 공부를 하고 집으로 돌아갔습니다. 자매님 집은 압곡동에서 2킬로미터 정도 떨어진 '권빈'이라는 동네에 있었습니다.

자매님은 이튿날 아침에 밥을 해놓고는, 된장국을 끓여서 주전자에 담아 들고 우리 집으로 뛰어왔습니다. 어떤 날에는 "어제 집에 가다가 여우를 만나 아주 고생했어요."라고 하며 저에게 된장국을 건네주었습니다. 자매님의 믿음이 자라는 것을 보는 것이 정말 행복했고, 감사했습니다. 제가 하는 기도의 70%는 그 자매님을 위한 것이었습니다.

자매님, 사람들을 모아 성경공부를 시작하세요

손 자매님이 구원받고 얼마 지나지 않아 저는 거창으로 거처를 옮겼습니다. 갑자기 가게 된 데에다 자매님이 장사하러 나가 있어서 자매님에게는 이야기를 하지 못하고 갔습니다. 며칠 후, 장사를 마치고 돌아온 자매님이 저를 만나러 왔다가 방문 앞에 솥이 없는 것을 보았습니다. 제가 이사 간 것을 알고는 하늘이 무너지는 것 같았다고 합니다.

제가 거창으로 갔다는 이야기를 전해 들은 자매님은, 제가 어디에 있는지도 모른 채 거창 장날에 저를 만나러 장으로 왔습니다. 자매님은 시장에서 저를 찾았고, 저는 시장에서 전도하고 있었기에 금방 만날 수 있었습니다. 말할 수 없이 반가웠습니다. 음식점에 갈 형편이 안 되었기에 둘이 나무 그늘에 앉았습니다. 오가는 사람들이 쳐다보는데 성경을 펴서 말씀을 나누고 함께 기도했습니다. 제가 생각했습니다. '자매님이 주일마다 거창에 올 수는 없고, 앞으로 어떻게 신앙생활을 해야 할까?' 자매님을 인도해 줄 사람이 없는 것이 너무 걱정이 되었습니다. 그때 떠오른 것이 성경공부였습니다.

"자매님, 성경공부를 시작하세요."

"성경공부가 뭐예요?"

"저녁마다 사람들을 모아 놓고 찬송도 가르치고 성경도 가르치는 거예요."

자매님이 펄쩍 뛰었습니다.

"전도사님, 나는 일본에서 살다가 와서 한국말도 서툴고 성경도 모르고 찬송도 몰라요. 뭘 알아야 가르치지요."

자매님이 절대로 못 하겠다고 했습니다. 저도 물러설 수 없었습니다. 자매님이 성경공부를 하지 않으면 자매님의 신앙이 끝날 것 같은 마음이 들었습니다.

"자매님, 성경공부를 하셔야 돼요!"

"저는 정말 못 합니다!"

"아니, 하시라니까요!"

자매님이 절대로 못 하겠다고 하기에 제가 이렇게 말했습니다.

"자매님, 내가 나이가 어리다고 날 무시하는 겁니까?"

"내가 왜 전도사님을 무시해요?"

"자매님, 내가 자매님보다 어리지만 하나님의 종이에요."

"예, 알아요."

"아니, 하나님의 종이 하라고 하면 하지 무슨 이유가 그리 많아요?"

자매님이 더 이상 말을 하지 못했습니다.

자매님은 동네로 돌아가서 아이들을 몇 명 모아 놓고 성경을 가르치기 시작했습니다. 그분은 정말 한국말이 서툴렀습니다. 성경을 아는 것도 거의 없었습니다. 한번은 제가 자매님 모르게 자매님이 사는 동네로 가서 성경공부를 어떻게 인도하는지 창문으로 들여다보았습니다. 시골에 있는 큰 종이는 달력이 유일하기에 자매님이 달력 뒷장에 찬송가 가사를 적은 뒤 그 달력을 펴놓고 아이들에게 찬송을 가르쳤습니다.

슬픔 근심 많은 세상
탄식하는 인생

죄 짐은 갈보리 산 위에
예수는 우리 주

　가사는 정확한데 곡은 제멋대로였습니다. 찬송을 마치고 아이들에게 성경을 가르치는데 '저렇게 해가지고는 안 되겠구나…'라는 마음이 들었습니다.
　그런데 놀랍게도 자매님을 통해서 사람들이 구원받는 역사가 일어나기 시작했습니다. 권빈에는 집이 180호쯤 되었는데, 신을 섬기는 집이 40호쯤 되었습니다. 귀신들의 역사가 많았고, 귀신 들린 사람도 많았습니다. 그런 사람들이 자매님을 만나서 구원받고, 귀신이 떠나 정신이 온전해졌습니다. 자매님이 인도하는 모임에 성도들이 하나 둘 늘더니 열 명이 되고, 스무 명이 되었습니다. 자매님이 한없이 귀하고 아름답게 보였습니다.
　손 자매님을 보면서 제가 생각이 굉장히 깊어졌습니다. 처음에 성경공부를 못 한다고 했던 자매님. 실제로 자매님은 성경도 모르고 전도하는 법도 몰랐습니다. 그런데 시작했고, 그 모임에 하나님이 역사하셔서 많은 사람이 구원받았습니다. 하나님이 열매를 맺게 하셨습니다. 처음에는 제가 잘 몰랐지만, 하나님이 흙으로 지으신 우리에게 열매를 맺게 하셨다는 사실을 분명히 알았습니다.
　그 후로도 자매님은 복음을 위해 정말 행복하게 사시다가 나이가 많아 이 세상을 떠나 주님 품으로 가셨습니다.

맺힌 열매가 다시 나무가 되어 또 열매를 맺고

손 자매님이 복음을 전해서 구원받은 사람들 가운데에는 박희진 목사님도 있습니다. 오래 전에, 박희진 목사님이 어떻게 구원받았는지 간증을 들었습니다. 대학교에서 축구선수로 지내다가 결핵에 걸렸다고 했습니다. 당시 결핵은 좋은 약이 없어서 치료하기 힘든 아주 무서운 병이었습니다. 전염성도 강해서 한 사람이 결핵에 걸리면 가족이 다 결핵으로 죽기도 했습니다. 박희진 목사님이 결핵에 걸려 시골집으로 내려왔는데, 집에는 나이 많은 어머니와 형님 내외와 조카들이 있었습니다. 어느 날, 형님이 이야기했습니다.

"희진아, 내가 이런 얘기 해서는 안 되는 줄 안다. 그렇지만 해야겠다. 내가 너하고 둘이 살면 괜찮은데, 아이들이 있다. 네가 여기 있으면 우리 아이들에게도 전염돼 우리 가족이 다 죽게 된다. 내가 할 이야기는 아니지만, 네가 집을 떠나야겠다."

박희진 목사님이 생각해 보니 그 말이 맞았습니다.

"형님, 제가 떠나야겠네요. 늦출 수 없고 오늘 나가겠습니다."

아무것도 없이 집에서 나왔습니다. 밥을 먹을 곳이 없어서 하루 종일 굶었습니다. 잘 곳도 없어서 몹시 힘들었습니다. 날씨가 추워져 밖에서 자면 얼어 죽을 것 같아서 잘 곳을 찾다 보니, 동네 외딴 곳에 상여를 넣어두는 집이 있었습니다. 거기 가면 바람은 피할 수 있어서 상엿집에 들어가서 잤습니다.

하루는 아침에 일어나 냇가에서 세수를 하는데 동네 아주머니가 불렀습니다. 손 자매님의 동생으로, 그분도 언니가 전해준 복음을 듣고 구원받았습니다.

"희진아, 너 나 따라갈래?"

"어디 가는데요?"

"교회 간다."

갈 곳도 없고 날씨도 추워서 따라갔습니다. 교회에 가서 보니, 자기를 데리고 간 아주머니의 언니가 성경 말씀을 전했습니다. 추위에 떨다가 따뜻한 곳에 가니까 노곤해서 잠이 들었습니다. 벽에 기대고 앉아서 쿨쿨 잤습니다. 얼마 후 누가 깨워서 눈을 떠 보니 예배는 끝났고, 예배에 참석한 사람들과 함께 밥을 먹자고 했습니다. '결핵에 걸렸는데 같이 밥을 먹어도 될까? 결핵에 걸렸다고 이야기할까? 그랬다가 밥을 먹지 못하게 하면 어떡하지?' 그래서 이야기하지 않고 밥을 먹었습니다. 정말 감사했습니다. 점심을 먹고 나니 손 자매님이 성경을 펴놓고 복음을 전하기 시작했습니다. 구원을 받았습니다. 오후를 그렇게 보내고, 저녁에도 함께 식사한 후 저녁 예배를 드리고 상엿집으로 돌아왔습니다.

박희진 목사님이 구원받은 뒤 처음으로 하나님께 기도했다고 합니다.

"하나님, 날씨가 너무 춥습니다. 이렇게는 겨울을 날 자신이 없습니다. 제가 소원이 하나 있습니다. 저에게 겨울을 지낼 만한 방을 하나 주십시오."

방을 달라고 기도했습니다. 그리고 며칠 후 길에서 동네 어른을 만났습니다.

"희진이, 자네 어디 있었나? 어제 하루 종일 찾았네."

산 밑에 있는 과수원의 주인이었습니다. 가을에 사과를 수확한 후 겨울이 되면 특별히 할 일이 없어서 마을에 있는 집에 가서 가족들과 함께 지내기에, 겨울에 과수원을 지킬 사람이 필요했던 것입니다. 그 어른이 부탁했습니다.

"자네, 과수원에서 지내면 좋아. 사과나무 가지로 불을 때면 방이 아주 따뜻해."

과수원에 가서 방을 청소하고 나뭇가지로 불을 땠습니다. 방이 따듯했습니다. 그 방에 누우니 너무 행복했습니다. 하나님께 너무 감사했습니다.

하루는 성경에서 38년 된 병자가 나은 이야기를 읽다가 '하나님이 내 병도 고쳐 주시겠다.'는 마음이 생겼습니다. 그래서 기도했습니다.

"하나님, 세상에는 나처럼 버림받은 사람들이 있는데 그분들에게 내가 만난 예수님을 알려 주고 싶습니다. 그런데 결핵에 걸린 몸으로 가면 사람들이 저에게 뭐라고 하겠습니까? 제 병을 고쳐 주십시오."

그러고는 잊고 지냈는데, 어느 날 보건소에 가서 검사를 받은 뒤 결과를 보니 결핵이 깨끗이 나아 있었습니다. 그리고 이듬해에 마하나임신학교에 지원해서 왔습니다. 제가 어떻게 신학교에 오게 되었느냐고 물으니까, 지난 일들과 하나님이 자신을 어떻게 축복하셨는지를 긴 시간 동안 간증했습니다. 하나님이 박희진 목사님의 삶에 많은 열매들을 맺게 하신 것을 볼 수 있었습니다. 지금은 아주 귀한 전도자가 되어 복음을 전하고 있습니다.

박희진 목사님이 손 자매님을 만나지 못했다면 그 겨울을 넘기지 못하고 죽었을지 모릅니다. 구원받은 한 사람을 통해서 다른 사람이 구원받는 열매가 맺히고, 새로 구원받은 그 사람 또한 하나님의 열매를 맺는 것을 봅니다

우리는 하나님의 열매를 맺을 수밖에 없는 사람들

땅은 열매를 맺습니다. 그것은 하나님이 주신 열매입니다. 우리도 땅처럼 열매를 맺습니다. 하나님이 우리에게 주신 열매들입니다. 우리 삶에 열매가 풍성히 맺히도록 하나님이 말씀을 보내십니다. 많은 목회자들이 하나님이 우리에게 주신 말씀으로 거듭나서 하나님의 사람이 되고, 그 목사님들을 통해서 하늘의 열매들이 맺히고 있습니다.

우리는 1989년부터 해외에 선교사를 보내기 시작했습니다. 지금은 100여 개의 나라에서 선교사들이 활동하고 있습니다. 하나님이 열매를 맺게 하셨기 때문입니다.

"땅은 씨 맺는 채소와 열매 맺는 과목을 내라."

하나님이 우리에게 하신 이야기입니다.

"너 열매를 맺어라. 너도 열매를 맺어라. 내가 너를 만들 때 열매를 맺을 수 있게 만들었어."

2017년 3월 미국 뉴욕에서 CLF가 시작되었습니다. 2년여가 지나는 동안 전 세계에서 10만 명이 넘는 목회자들이 구원을 받았습니다. 우리는 구원받은 목회자들에게 성경 말씀을 깨닫는 법, 하나님과 동행하는 법, 복음 전하는 법 등을 가르치려고 합니다. 이것은 하나님의 일로, 이 또한 하나님이 우리로 열매를 맺게 하시는 일이라고 믿습니다.

저는 구원받고 복음의 일을 할 때마다 하나님이 도우시고 역사하시는 것을 보았습니다. 청소년들을 위해 만든 IYF가 세계적인 청소년 단체가 되는 것을 보았습니다. 그라시아스합창단 또한 세계 최고의 합창단이 되었습니다. 우리가 하는 마인드교육은 세계 여러 나라 정부에서 우리와 손잡고 자국 학생들에게 마인드교육을 가르치려고 하고 있습니다. 마인드교육은 하나님의 지혜에서 나온 것입니다. 이 모든 열매들이 하나님이 우리에게 열매를 맺으라고 하신 말씀이 이루어진 결과물입니다.

하나님은 구원받은 우리를 열매를 맺을 수 있는 사람으로 만드셨습니다. 예수 그리스도가 맺었던 열매를 그 사람도 맺게 됩니다. 예수님은 구원받은 성도의 신랑이고 우리는 그의 신부입니다. 여자가 결혼하면 잘났든 못났든 아이를 갖게 되듯이, 우리는 예수님의 신부이기에 예수님의 생명을 전파하게 되고 그 열매를 거두는 놀라운 일을 하게 됩니다. 우리는 하나님의 열매를 맺을 수밖에 없도록 만들어진 사람입니다. 누구든지 이 사실을 믿으면 하나님이 그 사람 속에 살아 역사하십니다.

저는 대한항공 비행기만 150만 마일을 탔습니다. 지구를 한 바퀴 돌면 3만 마일이니까 지구를 50바퀴 돈 셈입니다. 정말 많은 나라 많은 도시를 방문해서 그곳 사람들에게 복음을 전했고, 앞으로도 전 세계를 다니면서 복음을 전하며 살 것입니다. 우리 선교회의 목회자들도 저를 닮아서 그렇게 살고 있습니다. 이처럼 복음을 위해 사는 삶이 얼마나 놀라운지 모릅니다.

보잘것없는 우리가 말씀으로 하늘의 열매를 맺다

1962년 10월 7일에 구원받고 오늘까지 50년이 넘게 복음을 위해 살면서 하나님이 저를 통해서 많은 열매를 맺게 하시는 것을 보았습니다. 구원받은 목회자 여러분은 하나님의 귀한 열매를 맺을 사람들입니다. 한 사람 한 사람 믿음의 세계를 배워서 놀라운 복음의 일들이 이루어지기를 바랍니다.

사과나무가 왜 사과를 맺습니까? 하나님이 땅은 씨 맺는 채소와 열매 맺는 과목을 내라고 하셨기 때문입니다. 망고 나무, 바나나 나무 역시 그 말씀대로 열매를 맺습니다. 하나님은 모든 과목이 열매를 맺게 만들어 놓으셨습니다. 구원받은 우리 역시 예수 그리스도로 말미암아 하나님의 열매를 맺을 수밖에 없도록 만들어진 사람들입니다.

정확하게 기억해야 할 사실이 있습니다. 성경에서 하나님은 다이아몬드에 열매 맺는 과목을 내라고 하시지 않았습니다. 사파이어나 에메랄드에서 열매가 맺히지 않습니다. 사람들에게 밟히는 천하고 보잘것없는 땅, 그 땅에 씨 맺는 채소와 열매 맺는 과목을 내라고 말씀하셨습니다.

하나님의 열매를 맺는 사람들이 그와 같습니다. 뛰어나고 훌륭한 사람들이 아니라 보잘것없는 우리가 하나님이 하신 말씀으로 말미암아 하늘의 열매를 맺습니다. 누구든지 이 사실을 믿음으로 받아들이면 하나님이 그 사람을 통해서 많은 열매를 거두시고 영광을 받으실 줄 믿습니다.

구원받은 목회자들이 복음을 전해서 교회 성도들이 다 죄 사함을 받고, 그 가운데에서 목회자들과 선교사들이 일어나서 온 세상을 복음으로 뒤덮을 때 예수님이 이 세상에 다시 오실 것입니다. 우리가 공중에서 주를 만나 하나님을 찬양하며 영광스러운 시간을 가질 것입니다.

우리가 이 땅에서 복음을 위해 사는 동안 어렵고 힘든 일도 많고 고통스러운 일도 많이 만나지만 하나님이 우리와 함께하시기에 우리는 열매를 맺을 수밖에 없는 사람들입니다. 사과나무는 사과를 맺지 않고는 못 배깁니다. 우리도 우리가 열매를 맺고 싶어서 맺는 것이 아니라, 맺고 싶든지 맺고 싶지 않든지 하나님께서 열매를 맺도록 해 주십니다. 그것이 얼마나 감사한지 모릅니다. 하나님은 구원받은 목회자 한 사람 한 사람에게 열매를 맺을 수 있는 모든 것을 허락해 주셨습니다.

우리는 다 흙 같은 사람들입니다. 그런데 하나님이 세상 어디에서도 찾을 수 없는 하늘의 열매를 맺는 직분을 주셨습니다. 전에 우리는 사탄에게 이끌리어 멸망으로 갈 삶을 살았는데, 예수님이 우리를 모든 죄에서 건져 주시고 하나님의 자녀로 삼으셨습니다. 그리그 열매 맺는 삶을 허락해 주셨습니다.

　세상에는 아직 죄 속에 있는 사람들이 많습니다. 구원받은 우리를 통해서 그 모든 사람들에게 복음이 전해지고 구원받는 일이 일어나기를 바랍니다. 여러분이 이 사실을 믿음으로 받아들여서 모두 열매 맺는 귀한 삶을 살게 되기를 바랍니다.

부록

목회자 질의응답

Q&A

"아프리카 사람들은 여전히 저주 가운데 살고 있는 것 같습니다"

– 콩고민주공화국의 목회자

성경에 보면 노아가 아들 함을 저주합니다. 함의 아들이 가나안인데, 노아가 '가나안은 저주를 받아 그 형제의 종들의 종이 되기를 바란다'고 말했습니다. 그 후 예수님이 세상에 오셨고, 예수님의 죽으심으로 말미암아 인간의 모든 저주가 끝났다고 들었습니다. 그런데 함의 후손인 아프리카 사람들은 여전히 저주 가운데 살고 있는 것 같습니다. 지구상에서 가장 어렵고 힘들게 사는 게 아프리카 사람들인 것 같습니다. 제가 사는 콩고는 오히려 이전보다 더 못사는 나라가 된 것 같습니다. 아프리카 대륙은 왜 이런지 목사님의 의견을 듣고 싶습니다.

박옥수 목사의 답변

아프리카 대륙만 저주를 받은 것이 아닙니다. 인류는 다 저주를 받았습니다. 모든 사람이 아담의 후손이기 때문입니다. 이제 누구든지 하나님 앞으로 돌아오는 사람이 복을 받습니다. 아프리카 사람들도 하나님 앞으로 돌아오면 다 복을 받습니다. 얼마나 복된 삶이 기다리고 있는지 모릅니다.

하나님은 구약 시대에 유대인의 하나님이었습니다. 그래서 예수님이 십자가에 못 박혀 죽고 부활하신 뒤 제자들이 예수님에게 "주께서 이스라엘 나라를 회복하심이 이때니이까?"라고 물었습니다. 그들은 '하나님이 유대인의 하나님이시기에 예수님이 이스라엘을 회복하실 것이다.'라고 생각했습니다. 그런데 예수님이 제자들에게 두엇이라고 대답하셨습니까?

"가라사대 '때와 기한은 아버지께서 자기의 권한에 두셨으니 너희의 알 바 아니요, 오직 성령이 너희에게 임하시면 너희가 권능을 받고 예루살렘과 온 유대와 사마리아와 땅 끝까지 이르러 내 증인이 되리라.' 하시니라."(행 1:7~8)

예수님은 이스라엘의 회복에 대하여 말씀하신 것이 아니라, 복음이 땅 끝까지 전파될 것을 말씀하셨습니다. 유대인이 아닌 이방인들도 하나님의 복을 받고 하늘나라를 유업으로 받을 수 있게 된 것입니다. 그리고 '이방인의 때'를 주셔서 복음이 이방인들에게 전파되게 하셨습니다.

대한민국은 굉장히 가난한 나라였습니다. 그런데 이 땅에 복음이 전해지고 우리가 1989년부터 세계 곳곳으로 선교사를 보내기 시작하면서 우리나라가 복을 받았습니다. 실제로 한국은 지하자원도 별로 없고 영토도 넓지 않고, 부유한 나라가 될 만할 조건이 없습니다. 그런데 하나님이 복을 주셔서 우리나라가 아주 잘사는 나라가 되었습니다.

우리나라가 복을 받기 전에, 복음을 전 세계에 전했던 미국이 크게 복을 받았습니다. 영국에서 구원받은 청교도들이 모진 핍박을 피해 영국을 떠나 신대륙인 아메리카 대륙으로 갔습니다. 당시에는 미국 땅이 수많은 위험들이 산재해 있는 곳이었습니다.

청교도들이 미국으로 이주했을 때 있었던 일로, 이런 이야기가 있습니다. 한번은 어떤 사람이 집을 짓고 있었습니다. 지나가던 사람이 그것을 보고 무얼 하고 있느냐고 묻자 그 사람이 "바람도 불고 짐승도 많아서 아이들이 위험하기 때문에 집을 짓고 있습니다."라고 대답했습니다. 그러자 그 사람이 "우리가 이 땅에서 하나님의 도움 없이 살 수 있겠습니까? 먼저 예배당을 지읍시다."라고 했답니다. 예배당을 짓고 나서 이제 집을 지으면 되냐고 하니까 학교를 짓자고 했답니다. 미국에 정착한 청교도들이 마을마다 예배당을 먼저 짓고, 학교를 짓고, 예배당을 중심으로 도로를 내고 집들을 지었습니다. 학교에서 아이들이 성경을 배웠습니다.

그렇게 시작한 나라 미국에서 수많은 선교사들이 일어나서 전 세계로 흩어져 복음을 전했습니다. 18세기 후반까지만 해도 복음이 전해진 나라가 유럽을 중심으로 몇 나라 안 되었습니다. 그 뒤 미국인 선교사들이 복음을 전하면서 전 세계에 복음이 전파되었습니다. 제가 구원받은 1962년에 한국에 와 있었던 미국인 선교사만 520명이었습니다.

미국은 건국된 지 200년이 조금 넘었는데, 온 세상이 놀랄 만큼 빠르게 성장했습니다. 20세기 초에 세워진 엠파이어 스테이트 빌딩은 102층으로 당시 세계에서 가장 높은 건물이었는데, 13개월 만에 완공되었습니다. 당시 미국 사람들은 세상이 깜짝 놀랄 만큼 지혜로웠습니다. 하나님이 그들에게 대단한 지혜를 주셨기 때문입니다.

우리가 선교사를 보낼 때 준비된 것 없이 그냥 보냈습니다. 브라질에 김범섭 선교사를 보낼 때에는 브라질에서 김 선교사 가족을 맞아줄 사람이 없었습니다. 제가 브라질로 떠나는 김 선교사 가족에게 이렇게 말했습니다.

"한국에서 브라질로 가는 비행기를 타라. LA를 거쳐서 하루 종일 가야 할 것이다. 그 안에서 복음을 전해서 그 사람에게 도와달라고 해라."

코스타리카에 조성주 선교사 가족도 아무것도 준비되지 않은 채로 보냈습니다. 조 선교사 가족이 공항에 내렸는데, 공항 직원들이 뭐라고 해도 말을 모르니까 그냥 웃고만 있었습니다. 두 시간이 지나 직원들이 할 수 없이 그냥 내보냈습니다. 조 선교사 가족이 출국장을 빠져나오니까 이미 캄캄해져 있었습니다. 아는 사람이 아무도 없는데, 어떤 한인 여자가 뛰어오면서 "혹시 조성주 목사님이세요?"라고 물었습니다. 한국에 사는 자기 친구가 '조성주라는 사람이 코스타리카로 가는 것을 알았는데, 말도 모르고 맞아줄 사람도 없으니 네가 꼭 맞아주어야 한다'고 했다면서 오랜 시간을 기다려 주었던 것입니다. 그분의 도움으로 거할 방을 얻을 수 있었습니다.

그 후 스페인어를 배우면서 말이 서툴지만 복음을 전하고 싶었습니다. 그래서 세 사람에게 더듬더듬 복음을 전했습니다. 그런데 세 사람이 조 선교사가 무슨 말을 하는지 알아들을 수가 없었습니다. 그래서 조 선교사가 한 마디 하면 셋이 의논해서 무슨 뜻인지 이해하고, 그 다음에 한 마디 듣고 했답니다. 그렇게 복음을 전했는데 구원받는 사람들이 일어났습니다.

우리가 세계 여러 나라에 선교사를 보냈습니다. 하나님이 그 일을 할 수 있도록 우리나라를 정말 복되게 만들었습니다.

복음이 들어간 나라, 복음을 전하는 나라가 복을 받는 줄 믿습니다. 여러분이 복음의 말씀들을 잘 배우고 각기 자신의 나라로 돌아가서 복음을 전할 때 하나님이 역사하시고, 하나님의 축복이 여러분의 나라에 임합니다. 지금은 이방인의 때입니다. 하나님이 유대인이나 이방인이나 구별하지 않고 다 사랑하십니다. 아프리카 사람들 역시 하나님이 사랑하십니다. 복음을 받아들인 여러분이 사는 나라가 복을 받는 나라로 변하고 있습니다.

아프리카 사람들이 비록 오래 전부터 신앙생활을 했지만 죄를 사함받는 길을 분명히 모르고 자신의 생각을 따라서 하나님을 믿어서 어려움을 겪은 것이지, 복음을 믿고 죄 사함을 받으면 마음이 하나님과 하나가 됩니다. 사람들의 마음이 하나님과 하나가 된 나라, 이런 나라가 복이 있고 사회가 복이 있고 가정이 복이 있습니다.

Q&A

"우리가 육체를 입고 사는 동안 죄를 짓는데…"

– 코트디부아르의 목회자

죄에 대한 부분을 묻고 싶습니다. 우리의 모든 죄가 예수님의 피로 씻어졌고, 예수님이 우리를 의롭게 하셨습니다. 제가 의롭다는 것을 알겠습니다. 그런데 하나님이 지금 당장 저를 천국으로 데리고 가시는 것이 아니기 때문에, 세상에서 육체를 입고 사는 동안 우리가 완벽하지 않은 것을 봅니다. 우리가 부활할 때에는 완벽한 몸을 입겠지만 육체를 입고 세상에서 지내는 동안에는 우리가 죄를 짓습니다. 이런 죄들은 어떻게 분류되며, 그 결과는 무엇입니까? 저는 코트디부아르에서 100명이 넘는 목회자들을 가르치고 있습니다. 그들에게 이런 부분을 분명하게 가르쳐 주어서 우리가 혼란스럽지 않았으면 합니다.

박옥수 목사의 답변

목사님의 질문은, 땅에 속한 개념을 가지고 있기에 나온 질문입니다.

구약시대에는 양을 잡아 땅에 있는 제단에서 속죄제사를 드렸습니다. 만일 예수님이 그와 같은 제사를 드리기 위해서라면 굳이 죽으실 필요가 없습니다. 왜냐하면 그 속죄제사는 제사를 드리면 죄가 씻어지지만, 다시 죄를 지으면 또 제사를 드려야 하기 때문입니다. 예수님이 또 죽으셔야 하는 것입니다. 실제로 구약시대에는 소나 양이나 염소를 잡아서 드리는 제사를 계속 드렸습니다. 속죄제사를 드려서 죄를 씻었지만 또 죄를 지으면 다시 죄인이 되기에 또 제사를 드려야 했습니다. 그 일을 계속 반복했기 때문에 수많은 양들이 죽어야 했습니다. 만일 예수님이 그런 속죄제사를 드리기 위해 이 세상에 오셨다면 예수님도 죽고, 또 죽고, 계속 죽어야 합니다.

예수님은 전혀 다른 속죄제사를 준비하셨습니다. 그 제사는 이 땅에 있는 성막에서 죄를 씻는 제사가 아니라, 하늘나라에 있는 성전에서 죄를 영원히 속하는 제사입니다. 예수님이 우리 죄를 영원히 속했기 때문에 다시 제사 드릴 것이 없습니다.

"제사장마다 매일 서서 섬기며 자주 같은 제사를 드리되 이 제사는 언제든지 죄를 없게 하지 못하거니와, 오직 그리스도는 죄를 위하여 한 영원한 제사를 드리시고 하나님 우편에 앉으사"(히 10:11~12)

영원한 제사에 대해 이야기해 봅시다. 예를 들어, 제 아들이 타지에서 대학에 다니면 거할 집을 얻은 뒤 제가 집세를 내줍니다. "이거

1년 치 집세입니다." 그러면 1년 동안 집세를 안 내도 됩니다. 1년이 지나면 또 집세를 내야 합니다. 4년 치 집세를 내면 4년 동안 집세를 내지 않아도 됩니다. 그런데 그 집을 사버리면 평생 집세를 안 내도 됩니다. 구약시대에 양을 잡아서 드린 제사는 마치 1년 치 집세를 낸 것처럼 그 효력이 미치는 범위가 정해져 있습니다. 이미 지은 죄에 대한 값을 지불한 것입니다. 다시 죄를 지으면 그 효력이 사라지기 때문에 또 제사를 드려야 합니다. 그에 비해 예수님은 집을 사버린 것처럼 죄를 영원히 씻었기 때문에 다시 제사를 드려야 할 필요가 없습니다.

히브리서 10장 14절을 보면, **"저가 한 제물로 거룩하게 된 자들을 영원히 온전케 하셨느니라."**라고 했습니다. 예수님이 우리를 이미 영원히 온전케 하셨습니다. 우리가 짓는 죄는 우리가 해결하는 것이 아니라, 예수님이 그 죄의 값을 이미 다 치러 놓았습니다.

이 부분을 잘 이해할 수 있게 해주는 재미있는 이야기가 있습니다. 신대륙이 발견된 후 유럽에서 수많은 사람들이 아메리카로 가기를 원했고, 실제로 많은 사람들이 미국으로 갔습니다. 영국의 어느 부두에서 일하던 젊은 노동자도 행복을 꿈꾸며 미국으로 가기를 원했습니다. 그런데 뱃삯이 모자랐습니다. 미국으로 가는 배가 항구를 떠날 때마다 부러운 시선으로 바라보았습니다. 청년은 몇 달이 흐르는 동안 열심히 일해서 미국으로 갈 돈을 겨우 마련했습니다. 가진 돈으로 뱃삯을 내면 남은 돈이 하나도 없었지만 그래도 빨리 가는 게 낫겠다

싶어서 배를 탔습니다.

배 안은 미국에 대한 이야기로 가득 찼습니다. 미국에서는 금이 많이 난다고 하더라, 땅이 넓어서 목장을 얼마든지 만들 수 있다고 하더라…. 한참 이야기하고 있는데 식당에서 식사 시간을 알리는 종소리가 울렸습니다. 사람들이 다 식당으로 가는데 청년은 움직일 생각을 하지 않았습니다.

"이봐요, 식사하러 안 가요?"

"예, 저는 속이 불편해서…."

"그래도 조금이라도 먹어요."

"괜찮습니다."

이 청년은 가진 돈이 없어서 식사를 할 수 없었습니다. 저녁때가 되어 또 종소리가 울리고, 청년은 역시 속이 불편해서 음식을 먹지 못하겠다고 했습니다. 식사 시간 때마다 핑계를 대는 것도 힘들어서 식사 시간이 가까워 오면 사람들을 피해 혼자 있었습니다.

영국에서 미국까지 일주일 정도 걸리니까 일주일만 견디면 된다는 생각으로 배고픔을 참았습니다. 그런데 사흘이 지난 뒤, 풍랑이 심해서 앞으로 일주일을 더 가야 한다고 했습니다. 사흘을 굶으며 겨우 견뎠는데 앞으로 일주일을 더 굶을 생각을 하니 죽을 것 같았습니다. 굶주림으로 괴로워하나 음식을 먹고 창피를 당하나 마찬가지일 것 같아서 식당으로 갔습니다. 사람들이 대부분 음식을 먹고 나올 즈음에 가서 음식을 주문했습니다. 그리고 다 먹고 난 뒤 식당에서 일하는 소년에게 말했습니다.

"여기 계산서 가져와요."

그러자 식당에서 일하는 소년이 물었습니다.

"여기서 식사 처음 하세요?"

"처음 하든 말든 계산서 가져오라고!"

"무슨 계산서요?"

"무슨 계산서는? 내가 먹은 음식 값 계산서지!"

"여기서는 돈 안 받아요. 뱃삯에 음식 값도 다 들어 있어요."

청년은 무안하기도 하고, 허망하기도 하고, 억울하기도 했습니다. '그것도 모르고 쫄쫄 굶었구나….' 청년은 뱃삯을 낼 때 음식 값도 다 냈다는 사실을 몰라서 밥을 먹지 못했습니다. 돈이 없어서 굶은 것이 아닙니다.

복음을 모르는 사람들이 이 청년과 같습니다. 예수님이 우리의 모든 죄를 영원히 씻었습니다. 사람들이 죄가 있어서 지옥에 가는 것이 아니고 몰라서 지옥에 가고, 복음을 듣고도 믿지 않아서 지옥에 갑니다. 예수님이 세상에 오셔서 우리 죄를 씻으실 때, 적당히 씻으신 것이 아니라 어떤 사람의 어떤 죄든지 완벽하게 깨끗이 씻었습니다.

"우리는 다 양 같아서 그릇 행하여 각기 제 길로 갔거늘 여호와께서는 우리 무리의 죄악을 그에게 담당시키셨도다."(사 53:6)

우리 죄악을 우리가 예수님께 담당시킨 것이 아니라 하나님께서 담당시키셨습니다. 그러니까 우리의 모든 죄를 하나도 빠뜨리지 않고 완벽하게 예수님께 담당시키셨습니다. 우리의 모든 죄를 예수님이 담당하시고 십자가에 못 박혀서 그 모든 죄를 완벽하게 씻었습니다. 그래서 우리를 영원히 온전케 하셨습니다. 이제 우리에게는 어디를 봐도 죄의 기록이 없습니다. 하늘나라 어디에도 우리 죄의 기록이 영원히 없습니다. 십자가의 피로 다 지워버렸습니다.

하나님이 보실 때 우리가 영원히 거룩한 것입니다.

"저가 한 제물로 거룩하게 된 자들을 영원히 온전케 하셨느니라." (히 10:14)

여러 제물이 아니라 한 제물로 우리를 거룩하게 하셨고, 거룩하게 된 자들을 당시에만 온전케 한 것이 아니라 영원히 온전케 하셨습니다. 영원한 속죄를 이루셨습니다. 그렇기 때문에 죄를 해결하기 위해서 다시 제사 드릴 것이 없습니다.

"또 '저희 죄와 저희 불법을 내가 다시 기억지 아니하리라.' 하셨으니, 이것을 사하셨은즉 다시 죄를 위하여 제사 드릴 것이 없느니라."(히 10:17~18)

예수님이 십자가에 못 박히신 후 다시 못 박히셨습니까? 그렇지 않습니다. 한 번 죽으심으로 영원한 속죄가 이루어졌기 때문에 다시 죽으실 필요가 없습니다.

뱃삯에 밥값이 들어 있으면 식당에 가서 밥을 그냥 먹으면 됩니다. 모든 죄가 해결되었으면 감사함으로 받아 누리면 됩니다.

Q&A

"죄를 고백하는 부분에 대해 정확히 알고 싶습니다"

– 케냐의 목회자

목사님이 말씀하신 대로 저도 하나님께서 예수님이 흘리신 피로 저의 죄를 사하시고 저를 구원하셨다는 사실을 믿습니다. 그런데 목사님이 전하시는 말씀을 들을 때마다 꼭 질문하고 싶은 것이 있었습니다. 저는 죄를 고백하는 부분에 대해 여쭙고 싶습니다. 성경에 서로 죄를 고하라는 말씀처럼 죄를 고백하는 부분에 대한 말씀들이 있습니다. 목사님은 죄를 고백하는 부분에 대해 어떻게 생각하시는지 정확히 알고 싶습니다.

박옥수 목사의 답변

보통 사람들이 죄를 고백할 때 거짓말했다, 도둑질했다, 간음했다 등을 고백하며 용서를 구합니다. 그런데 그런 고백은 중심에서 벗어나 있습니다. 재미있는 사실이, 사람들은 다 자신이 착하다고 생각합니다. 그래서 착하게 살아야 한다고 가르칩니다. 그런데 성경으로 들어가서 보면 성경은 다르게 말합니다.

"여호와께서 사람의 죄악이 세상에 관영함과 그 마음의 생각의 모든 계획이 항상 악할 뿐임을 보시고"(창 6:5)

하나님이 인간을 보셨을 때 그 마음의 생각이 항상 악하다고 말씀하십니다. 사람들은 대부분 그렇게 생각하지 않습니다. '내가 거짓말도 하고 악도 행했지만 선한 일도 했어.' 대부분 이렇게 생각합니다. 인간의 눈으로 보면 그것이 맞습니다. 그러나 성경은 사람의 생각이 항상 악할 뿐이라고 말합니다.

이 대목에서 기독교 지도자들이 잘못 가르칩니다. 교인들에게 율법대로 선하게 살라고 가르칩니다. 그것이 잘 가르치는 것 같지만 사실은 말이 안 되는 이야기입니다. 성경은 인간에게는 선한 것이 없다고 말씀하고 있기 때문입니다. 선한 것이 없는 인간이 어떻게 선한 일을 행합니까? 사람들이 성경을 대충 알고 자기 생각으로 이해해서 그렇지, 정확히 알면 바른 신앙생활을 할 수 있습니다.

여러분의 삶에서 어떤 것은 선한 것 같고 어떤 것은 악한 것 같아서, 악한 부분을 자제하려고 하는 것이 여러분의 생각입니다. 성경에 기록된 하나님의 말씀에서는 인간의 모든 것이 악하다고 했습니다. 항상 악하다고 했습니다. 사람들은 자신에게 선한 것도 있다고 생각하기에 자신이 보기에 악한 것을 자백하려고 하는데, 하나님의 말씀과는 차이가 있습니다.

제가 한번은 미국 시카고에서 전도 집회를 인도했습니다. 그 교회에 액세서리 장사를 하는 부인이 있었는데, 집회를 마치는 날 저에게 금목걸이를 한 주먹 주었습니다. 그게 다 금이면 엄청나게 비쌀 건데 도금한 목걸이들이었습니다. 금으로 보이지 실제로는 금이 아닌 목걸이들입니다. 저는 비행기를 타고 여행을 아주 많이 다니기 때문에 공항 세관을 통과하는 시간을 최소화하려고 세관에서 걸릴 만한 물건은 아예 가방에 넣지를 않습니다. 그 목걸이들도 문제가 될 것 같아서 가방에서 빼놓고 돌아왔습니다.

얼마 후 인천공항에 도착해서, 신고할 것이 있느냐고 해서 없다고 했는데 가방에서 금목걸이가 한 주먹 나왔습니다. 제가 빼놓은 금목걸이를 누가 보고 '목사님이 빠뜨렸나 보다.' 하고는 제 가방에 다시 넣은 것입니다. 세관 직원에게 그것 금이 아니라 도금한 목걸이라고 이야기하니까 직원이 자신은 그것을 구분할 수 없다고 했습니다. 제가 칼이 있으면 가져와서 긁어 보라고 했습니다. "긁어도 됩니까? 책임 안 집니다." 하며 목걸이를 칼로 긁으니까 속에서 금방 다른 금속이 나왔습니다.

금목걸이는 겉도 금이고 속도 금입니다. 그런데 도금한 목걸이는 겉은 금인데 속에는 철이나 구리 같은 것들이 들어 있습니다. 사람도 겉을 보면 선한 모습이 있습니다. 그 선이 속으로 들어가도 선해야 진짜 선인데, 속으로 들어가면 선한 모습이 사라지고 악한 모습이 드러납니다. 그러니까 진짜 선이 아니라 도금한 선인 것입니다.

그런데 목회자들이 대부분 인간에게 선이 있다고 속고 있습니다. 그래서 선을 행하고 악을 행하지 말라고 가르칩니다. 하나님은 인간에게는 선한 것이 없다고 말씀하셨습니다. 사람들은 자신이 금식기도를 했거나 헌금을 하면 선한 일을 했다고 생각합니다. 그리고 거짓말이나 도둑질을 하면 악한 일을 했다고 생각합니다. 그래서 그 죄를 회개하려고 합니다. 그렇게 하는 것은 성경적으로 잘못되었습니다.

예수님이 "가시나무에서 포도를, 또는 엉겅퀴에서 무화과를 따겠느냐?"라고 말씀하셨습니다. 가시나무에서 포도를 딸 수 있습니까? 엉겅퀴에서 무화과를 딸 수 있습니까? 불가능합니다. 우리는 악한 나무인데 어떻게 선한 열매를 맺을 수 있습니까? 그런데 사람들은 자신이 대체로 선하고 거짓말하고 도둑질한 것만 죄라고 생각합니다. 그것을 용서해 달라고 합니다.

그런 잘못을 용서받아야 하는 것이 아닙니다. 회개는 '내게는 악뿐입니다. 선한 것이 눈곱만큼도 없습니다.' 하고 자기 자신에게서 돌아서는 것이 참된 회개입니다. 그런데 사탄이 사람들을 멸망으로 끌고 가려고 속입니다. '내가 거짓말하고 도둑질한 것은 잘못한 거고, 어려운 사람을 도운 것은 선한 거야.' 그렇게 여기기 때문에 신앙이 제대로 되지 않습니다. 절대로 올바른 신앙생활이 되지 않습니다.

　신앙생활을 제대로 하려면 회개를 바르게 해야 합니다. 도둑질하거나 간음한 것에서 돌이켜야 하는 것이 아니라, 내가 악뿐인 인간임을 고백하고 자신에게서 돌아서야 합니다. 내 생각을 버리고 하나님의 말씀을 받아들이는 것입니다.

　우리에게 선한 것이 없다는 사실에 대해서는 시편 14편에서도 이야기합니다. **"여호와께서 하늘에서 인생을 굽어 살피사 지각이 있어 하나님을 찾는 자가 있는가 보려 하신즉 다 치우쳤으며, 함께 더러운 자가 되고 선을 행하는 자가 없으니 하나도 없도다."**(시 14:2~3) 하나님이 하늘에서 선을 행하는 사람을 찾았는데 있었습니까? 하나도 없었습니다. 로마서 7장에서도 우리에게는 선이 없다는 사실을 이야기합니다. **"내 속 곧 내 육신에 선한 것이 거하지 아니하는 줄을 아노니, 원함은 내게 있으나 선을 행하는 것은 없노라."**(롬 7:18)

　인간에게 선을 행하라는 것은 말이 안 됩니다. 성경을 대충 읽기 때문에 그런 생각에 빠지는 것입니다. 죄를 올바르게 자백하려면 거짓말하거나 도둑질한 것을 자백해야 하는 것이 아니라, 내게는 선한 것이 없고 악뿐이라는 사실을 자백해야 합니다.

　사탄이 왜 선한 것이 없는 인간을 선을 행해야 한다는 쪽으로 이끌어 갑니까? 예수님의 십자가를 온 마음으로 의지하지 못하게 만들려는 것입니다. 많은 교회에서 사람들이 예수님의 피로 속죄받았다고 찬송하고는 죄인이라고 기도합니다. 말이 안 되는데도 뭐가 잘못되었는지도 모릅니다. 성경을 자기 생각으로 비뚤게 보고 있기 때문입니다. 거룩한 분은 예수님 한 분뿐입니다. 우리를 거룩하게 하실 분도 예수님밖에 없습니다. 그렇기 때문에 나를 다 버리고 예수님이 주시는 의와 거룩을 받아들이는 것입니다.

우리가 선한 것이 없는 죄인인 것을 알아야 예수님을 100퍼센트 의지합니다. 자신이 선하다고 여기는 사람은 신앙생활에 자신의 행위도 개입시키지 예수님만 100퍼센트 의지하지는 않습니다. 인간은 선을 행할 수 없고, 어떤 일을 해서 구원받을 수도 없습니다. 우리를 구원하시고, 의롭고 거룩하게 하실 분은 예수님밖에 없습니다. 우리 행위로는 결코 의롭게 되지 못합니다. 안타깝게도 오늘날 많은 교회에서 사람들이 예수님도 의지하고 자신의 행위도 의지합니다. 예수님도 중요하고 자신의 행위도 중요합니다. 우리가 선을 행하고 율법을 지키려고 하면 예수님만을 의지할 수는 없습니다.

만일 선을 행할 수 있다면 예수님을 의지하지 않아도 됩니다. 하지만 사람은 다 도금한 금목걸이와 같아서 겉으로 선한 일을 행한다 해도 속이 더럽습니다. 선한 것이 나오다가 어느 정도 들어가면 악한 것이 나오기 시작합니다. 화가 나오고, 음란한 마음이 나오고…. 그것이 어떻게 선한 것입니까? 사람들은 속을 보지 못해서 겉으로 선한 일을 하면 선하다고 하지만 속까지 보시는 하나님은 결코 선하다고 말씀하시지 않습니다. 그런데 자신이 악한 삶을 버리고 선하게 살아서 하나님을 기쁘시게 하고 천국에 가려고 하는 불쌍한 사람들이 많습니다.

회개는 잘못한 어떤 일에서 돌이키는 것이 아닙니다. 나에 대한 기대를 버리는 것입니다. 그리고 예수님을 믿는 것입니다. 하나님의 말씀을 마음에 그대로 받아들이는 것입니다. 인간의 선이나 의를 의지하는 사람은 예수님을 100퍼센트 의지하지 않기 때문에 신앙생활이 안 됩니다. "내가 도둑질했습니다." "내가 간음했습니다." 이런 회개는 아무리 해도 변화가 일어나지 않습니다.

안타깝게도 목회자들이 성경을 믿지 않습니다. 사람들에게 잘못하는 몇 가지 일에서 돌이켜야 된다고 가르칩니다. 저는 성경을 정말 많이 읽었습니다. 성경을 계속 읽으면 나에게 선한 것이 없다는 사실을 확실히 알게 됩니다. 이 부분이 마음에서 정확히 정리되면 예수님을 믿는 믿음이 저절로 생깁니다. 예수님이 믿어집니다. 신앙생활이 쉬워집니다.

예수님을 믿는 믿음만 있는 것이 아니라 인간의 생각이 더해질 때 신앙의 결론이 애매해집니다. 우리 마음에 들어 있는 내가 선한 것, 잘한 것, 자랑스러운 것 다 버려져야 합니다. 하나님은 그렇게 보시지 않기 때문입니다. 우리는 악할 뿐이어서 선을 행할 수 없으며, 죄를 씻는 일도 우리가 할 수 있는 것은 아무것도 없습니다. 모든 것이 예수님으로 말미암아 이루어집니다.

Q&A

"구원에 관한 부분은 쉽게 말할 수 없는 난해한 문제라고 생각합니다"

– 중국의 목회자

목사님이 말씀하시길, 예수님께서 우리의 모든 죄를 씻어서 우리가 의롭게 되었다고 했습니다. 그런데 우리가 의롭다고 말하는 것은 신학적으로 난해한 문제입니다. 예수님께서 우리 죄를 담당하셨고, 그로 말미암아 우리가 의롭다 함을 얻었습니다. 그런데 우리가 의롭다 함을 얻고 나서 거룩해지는 과정이 있지 않습니까? 그래서 이 부분은 신학적으로 난해한 문제라고 생각합니다.

박옥수 목사의 답변

예수님이 우리를 의롭고 거룩하게 하셨다는 것이 난해한 것은 사실입니다. 그런데 구원 문제만 난해한 것이 아니라 성경 전체가 난해합니다.

야이로의 딸이 죽었을 때 예수님이 "이 아이가 죽은 것이 아니라 잔다." 하셨습니다. 사람들이 보기에는 야이로의 딸이 분명히 죽었는데 예수님이 잔다고 하시니 그것을 받아들이기가 난해합니다. 그 자리에 있었던 사람들뿐 아니라 지금 우리에게도 예수님이 하신 말씀이 이해가 안 갑니다. 죽었는데 잔다고 하시니 그것을 어떻게 받아들여야 할지 난해합니다.

그런데 우리는 예수님의 말씀을 믿습니다. 이해가 가서 믿는 것이 아니라 예수님이 하신 말씀이기 때문에 믿습니다. 그대로 믿으면 전혀 난해하지 않습니다. 예수님이 우리 죄를 다 씻었다고 하시면 씻어진 것입니다. 하나님이 우리를 보고 의롭다고 하시면 우리가 의롭습니다. 거기에 다른 말을 붙이면 그것은 그리스도를 대적하는 것입니다. 내 생각이 어떠하든지, 내가 보기에 어떠하든지 예수님이 말씀하신 그대로 믿는 것입니다.

요한복음 11장에서는 나사로가 죽었습니다. 예수님이 나사로의 동생 마르다에게 뭐라고 말씀하셨습니까? "네 오라비가 다시 살리라." 하셨습니다. 그 이야기가 마르다에게 굉장히 난해했습니다. '죽었는데 어떻게 살아나? 말도 안 돼. 썩어서 냄새가 나는데!' 나사로가 죽은 지 나흘이 되어 썩어서 냄새가 나는데 예수님이 다시 산다고 하시니, 그 말을 받아들이는 것이 난해했습니다.

예수님께서 갈릴리 가나의 혼인 잔칫집에 가셨을 때 그 집에 포도주가 떨어졌습니다. 그때 예수님이 하인들에게 항아리에 물을 채우라고 하신 뒤, 그것이 포도주니 떠서 가져다주라고 하셨습니다. 그 이야기를 들은 하인들이 얼마나 어려웠겠습니까? '우리가 분명히 물을 부었는데 이것을 떠서 가져다주라니…!' 하인들에게 그 말이 얼마나 난해했겠습니까?

예수님께서 38년 된 병자에게는 "일어나 네 자리를 들고 걸어가라." 하셨습니다. 병으로 오랫동안 누워 있던 사람에게 너무 어려운 이야기입니다. '내가 자리를 들고 걸어갈 수 있다면 무엇 때문에 지금까지 누워 있겠습니까? 그렇게 할 수 없어서 누워 있는데, 자리를 들고 걸어가라니요?' 38년 된 병자에게 난해하기 그지없는 말씀입니다.

그러나 이 모든 말씀을 믿음으로 받아들이면 아무 문제가 안 됩니다. 성경은 전부 난해하지만, 하나님의 말씀을 믿는 사람은 자신의 생각을 버리고 말씀을 그대로 믿습니다. 그러면 전혀 난해하지 않습니다. 그렇게 믿는 것이 참된 믿음입니다.

세계의 목회자들이 성경 안에서 하나가 되다
CLF Christian Leaders Fellowship, 기독교지도자연합

2017년 3월 미국 뉴욕에서 태동한 CLF. 교파와 교리 등을 뛰어넘어 성경 말씀을 중심으로 교류하고, 마음을 합하여 온 세상에 복음을 전하기 원해 세계의 기독교 지도자들이 한데 모였다.

2017년 '뉴욕 월드 컨퍼런스'를 시작으로 2년 7개월이 흐른 2019년 10월 현재까지 100개국에서 14만여 명의 목회자들이 CLF에 참여해, CLF는 세계 최대 규모의 목회자 교류의 장이 되었다.

CLF에 참여한 목회자들은 목회를 하면서 겪는 어려움들을 내놓고 격의 없이 교제를 나누고, 율법과 은혜·영원한 속죄·믿음의 삶 등을 주제로 깊이 있는 말씀을 들으면서 마음이 하나님의 은혜와 사랑에 젖고 지혜와 능력을 공급받고 있다. CLF에 참여한 대부분의 목회자들이 목회에 새 힘을 얻어서 교회가 새로워지고 있다.

지금도 세계 곳곳에서 수많은 목회자들이 CLF와 함께하며 놀라운 변화의 대열에 함께하고 있다. 복음과 성령의 역사 안에서 목회자들이 새로워져서 온 땅에 복음이 전해지고 있다. 하나님의 역사가 힘있게 일어나고 있다.

1. CLF가 시작된 2017년 3월 미국 뉴욕에서 가진 제1회 모임에서 강의하는 저자 2. 제1회 모임에 참석한 목회자들이 말씀을 들으며 박수를 보내고 있다 3. 2018년 뉴욕 CLF에서 팀별로 토의하는 목회자들 4. 목회자들과 질의응답 하고 있는 저자 5. 한국 프레스센터에서 열린 CLF 심포지엄. 현대 기독교의 과제와 개혁의 방향에 대해 논의했다 http://clf.ac/kr